はじめに

経営とは何か、と聞かれたら、迷わず「生き方（a way of life）」だと答えるだろう。経営は、人間の営為そのものであり、そこに関わる人間の生き方が色濃く投影される。壮大な共通善の実現に向かって、目の前の動く現場・現実・現物の流れのなかで、文脈に応じて時空間を共創し、新たな意味や価値を生成する、人間たちのダイナミックで社会的なプロセスが経営である。その「生き方」の集合的な物語りは、「ヒューマナイジング・ストラテジー（人間くさい戦略）」であり、客観的なロジックのみから導き出される分析的戦略とは一線を画す。

イノベーションの萌芽となる新しい意味づけや価値づけは、科学や理論が先立つのではない。一人ひとりの「いま・ここ」の直接経験、そして「思い」が起点となる。一人称である個人の思いを、他者との二人称の共感を媒介に、全身全霊で徹底的な対話を行って、「われわれの主観」をつくり、さらにあらゆる知を自在に総合して三人称の集合知にしていく価値創造プロセスが、イノベーションである。三人称になって初めて、客観的な数値や量、そして科学となり、社会の共有価値として役立てられる。

形式知である科学や理論の源泉は、無意識も含めた暗黙的な主観にある。三人称の客観から出発しても新しい知は生まれない。妥協や忖度《そんたく》とは異なる真の共感が、主観と客観の橋渡しをする。この本質は、時代が変わっても、科学技術が発達しても普遍的なものではないだろうか。

本書は、「二項動態経営」という組織的知識創造理論における新たなコンセプトの発信を意図している。『失敗の本質』の刊行から40年。当時、示した教訓は「過去の成功体験への過剰適応を避けよ」であった。組織には慣性が働き、ともすると変化を嫌う性質がある。しかし、組織内外の環境変化の波を乗りこなし、あるいは自ら変化を創造し、無限に自己変革を志向する組織でなければ生き残れない。本書では、自己変革する組織の本質が、二項動態による集合的な実践知創造にあることを論考する。経営活動において直面するさまざまな矛盾やジレンマを「あれかこれか」の二項対立（dichotomy）で切り抜けるのではなく、苦しくても「あれもこれも」の二項動態（dynamic duality）を実践し、新たな価値を創造することこそが、過去の自己を超えていくただ一つの道なのである。

二項動態を実践すれば、葛藤や緊張を超えて、新たな価値創造への道を切り拓くことができる。そのためには、人間の創造性や野性を解放して、多様で異質な知を組織内外のスクラムで総結集する、集合「実践知」創造による組織的イノベーションを無限に追求しなければならない。「より善い」に向かう二項動態経営に正解はない。手軽で楽な方法ではないが、新たな日本的経営の創造へとつながる経営の「生き方」である。

また、本書には、一見、交わらないものとして捉えられがちな組織的知識創造論と財務・会計論の二項動態にも取り組もうという野心がある。２０２３年春号の『一橋ビジネスレビュー』（東洋経済新報社）に、野中、野間、川田で「［特別寄稿］『二項動態経営』実践論」を掲載した。本書は、その論文における議論をさらに発展させたものとなる。

組織的知識創造理論は、経済学ベースの経営学、形式知や金融資本先行の潮流に対して批判的展開をしてきた。共通善の実現のために知識創造、価値創造があり、結果としての利益という方向性を示すことで、社会的価値と経済的価値の両立という議論にも終止符を打ちたい。企業活動に「カネ」は当然、必須であることは間違いない。今回、財務・会計分野の研究者である野間幹晴に、著者に加わってもらったのはそのような背景があり、大きな意味を持つ。

本書の執筆にあたっては、日経ＢＰの堀口祐介氏に大変お世話になった。堀口氏とは長い付き合いだが、われわれの新たな挑戦を温かくも厳しく見守り、適時、的を射たアドバイスをしてくれた。心から感謝したい。

2024年秋

野中　郁次郎

二項動態経営　目次

はじめに　1

序章　いまこそ、二項動態経営を

1　問題提起　12
『失敗の本質』から40年　15
自己変革はなぜ阻害されるか　18

2　自己変革を可能にする「二項動態経営」とは何か　23
バンダイナムコグループの二項動態経営　26
「知」を軸とした組織改編
パーパスの制定
製品・サービスの二項動態

ＩＰを軸にした知の創造
組織改編でゆらぎやカオスを生み出す
アイリスオーヤマの二項動態経営　44
企業理念と非上場
知をタテ・ヨコ・ナナメに自在に流通させる
新商品開発会議
ユニ・チャームの二項動態経営　52

第1章　二項動態経営と組織的知識創造

1 ── 組織的知識創造と二項動態　58
連続体としての暗黙知と形式知　59
組織的イノベーションモデルとしてのＳＥＣＩモデル　65
ＳＥＣＩスパイラルは二項動態プロセスである　71
ＡＩには困難な集合「実践知」創造　75

2 ── 二項動態の定義：変革（Transformation）の原理　81
二項動態は、矛盾を超える　82
二項動態は、異質性から創発する　85

第2章 二項動態経営の実践

二項動態は、その都度の最善をめざす 88
二項動態は、多項動態である 90
二項動態は、動的変革プロセスである 93
二項動態経営とは 96

3 二項動態の哲学的基盤 98
アリストテレス哲学 98
共通善
実践知リーダーシップ
フッサール現象学 106
現象学的還元
相互主観性（共感）
プラグマティズム 111

4 動態経営論の潮流 113
ダイナミック・ケイパビリティ 116
両利きの経営 120

1
二項動態経営を可能にする組織基盤 124
二項動態を方向づける共通善としてのパーパス 124
自己革新を意味づける――清水建設
旗印にして社員を束ねる――日立製作所
内発的に動機づける――ソニーグループ
パーパスを進化させ、次の自己変革を駆動する――エーザイ
二項動態にカオスとゆらぎをもたらす場・スクラム 134
創造への渇望を刺激する知的コンバット――ホンダのワイガヤ
「いま・ここ・私だけ」と「いつでも・どこでも・誰でも」を綜合する――セブン-イレブン・ジャパン
共創と競争を綜合するチームMD――セブン&アイ・ホールディングス
越境と連携で自己超越する――ソニーグループ
二項動態で知を結集する自律分散系・ミドルアップダウン 149
未知の世界で想定外に挑むためにあらゆる知を結集する――JAXAはやぶさ2プロジェクト
フラクタルな全員経営で変化に即応する
失敗を許容し、次のチャレンジを後押しする
抵抗勢力に向き合う
2
二項動態の方法論（実践的推論、物語り） 160
実践的推論で目的性と創発性を二項動態する 160
実践的推論とは
リーン・スタートアップやエフェクチュエーション

物語りアプローチによる「生き方」の戦略実践 164
物語り（ナラティブ）の定義
意味を語り、共創する物語り
オープンエンドに連続する物語り
ナラティブへの注目、その応用
物語りアプローチの実践事例

第3章 ヒューマナイジング・ストラテジー

1 「人間くさい」経営の実践 ——ヒューマナイジング・ストラテジー 178
人間性の復権 178
「人的資本経営」のまやかし 179
ヒューマナイジング・ストラテジーとは 182
停滞する日本と日常の数学化 186
科学化・数値化の罠 190
「形式論理」偏重社会 192
ガバナンス改革の真意と二項対立 195

2 経済的価値の意味づけ 200
経済学における二項動態——パイの拡大とサステナビリティ 200
会計数値の意味づけ・価値づけ 206
3 知識創造と利益・キャッシュフロー創出による価値創造 213
企業理念の継続的な再定義——オムロン
世界から二項対立をなくすことをめざす——丸井グループ
組織的知識創造による持続的イノベーション——エーザイ
4 知識創造と利益・キャッシュフロー創出のダイナミック・プロセス 221
株主との対話が知識創造を護る 223

終章 新しい「日本的経営」の創造

1 組織的な守破離のための「二項動態」的クリエイティブ・ルーティン 230
「共通善を追い求める」&「『いま・ここ』を歩き、感じる」 233

「人々を信じ、衆知を活かす」&「対話し、覚悟を問う」 235
「言葉に魂を込める」&「ともに汗を流す」 236
「壮大な物語りを描く」&「小さくても、すぐに成果を出す」 237
「大胆に挑戦する」&「細部にこだわる」 238
「誰（何）にでも共感する（二人称）」&「生きる意味を見出す（一人称）」
&「人々を巻き込み、スクラムを組む（三人称）」 239

2 二項動態経営モデル 241

日本の社会的文脈と二項動態経営 243

さいごに――自己変革の主体者たれ 244

おわりに 251

序　章

いまこそ、
二項動態経営を

Dynamic Duality

1 ― 問題提起

戦後、廃墟と化した日本は力強く復興し、世界を驚かせた。戦後1955～73年の約20年にわたり、日本の経済成長率（実質）は、年平均5～10％前後の高い水準であった。高度経済成長を目の当たりにした海外の研究者、企業経営者は、日本企業に注目した。その一人が、アメリカの経営学者ジェームス・C・アベグレンである。

彼は、欧米型でもなくソ連型でもない第三の道を歩んで工業化を達成した日本に関心を持った。彼は、固有の文化を維持しながら、経済活動において大きな変化と成長を達成している日本の実績は貴重だと考え、1950年代中頃に日本の複数の工場を調査した。[*1] そして、1958年、『日本の経営（The Japanese Factory）』で日本企業の成功要因を社会的・歴史的背景を含めて整理した。なかでも「終身雇用」「年功序列」「企業内組合」は、日本的経営の「三種の神器」（OECD「対日労働報告書」1972）としてよく知られるようになった。

アベグレンが特に注目したのは、企業と従業員の「終身の関係[*2]」である。企業は、極端な状況にならない限り、一時的でも従業員を解雇することはないし、従業員のほうも転職などにより中途退職で辞めていくことがほとんどない。その相互に忠誠心の高い関係性にアベグレンは着目した。太平洋戦争において、米海兵隊第三師団の一員としてガダルカナル島や硫黄島などの上陸作戦に参加した経験を持つアベグレンは、海兵隊員に根づいている〝Once a Marine, always a Marine（生涯、海兵隊員）〟という行動規範と通底していると感じたのかもしれない。

最初の日本語訳で「終身雇用」と訳された英語が実は lifetime employment ではなく、〝lifetime commitment（生涯にわたるコミットメント）〟である点は刮目《かつもく》すべきことであろう。雇用という表現をアベグレンは使っておらず、初版の翻訳を手掛けた経営学者占部都美の意訳であったことを、経営学者加護野忠男は指摘している。[*3]

1973年の石油危機に世界経済は大打撃を受け、日本も異常な物価高騰に苦しみ、高度経済成長は終わりを告げた。1974年 戦後初めて経済成長率はマイナスに転落したが、翌年にはプラスに回復した。1979年以降 石油危機や円高による不況を乗り切り、日本経済は安定成長時代を迎えた。

その頃、アメリカの社会学者エズラ・F・ヴォーゲルが、『ジャパン・アズ・ナンバーワン』で、戦後の高度成長期の日本経済を分析した。同書は、1980年代の国内外における日本的経営礼

＊1 ジェームス・C・アベグレン（2004）『日本の経営 新訳版』（山岡洋一訳）日本経済新聞社。
＊2 アベグレン（2004）。
＊3 加護野忠男（2022）「日本企業の『全員経営』――『現場の企業家』研究に向けて」『企業家研究』（第20号）5頁。

賛ブームの契機ともなった。1960年代以降にトヨタで導入されたKAIZEN（カイゼン）や「カンバン」等に代表されるQCサークル活動など、独自の経営手法が日本企業に強さをもたらしているとして海外に広く紹介され、応用された。現場主体で、小グループ単位で品質改善や業務改善を臨機応変に機動的に行うTQC（Total Quality Control）は、生産性や品質向上に寄与した。経営活動に現場の知恵を活用することによって業績向上をもたらす日本発の手法であった。最近では、アマゾンのジェフ・ベゾス会長が積極的にカイゼンを導入していたことが知られている。

その後、1980年代から90年代初頭まで、株価と不動産価格の急上昇という空前のバブル景気に沸いた日本であったが、バブルは崩壊した。不良債権問題が発覚し、金融機関の不祥事や大手金融機関の破綻が相次ぎ、日本企業は雇用抑制、大幅な人員削減などのリストラに追い込まれた。2008年のリーマンショックがさらに追い打ちをかけた。

海外では1980年代後半になると、オランダのジャーナリストのカレル・ヴァン・ウォルフレンなどを中心に、日本および日本人は特殊であるという「日本異質論」が展開された。その後、米国による対日政策の見直しへと発展し、日本の半導体産業などに大打撃を与えた。「高度成長を遂げた日本は素晴らしい」という礼賛ブームの反動であったともいえる。

「日本的経営」は、経済成長を阻害する要因としてむしろ悪者扱いされるようになった。日本的経営の見直し論の動きは加速し、企業系列、株式の持ち合い、メインバンク制、コーポレートガバナンスの機能不全などの閉鎖的な日本的経営慣行も批判の対象となった。「長いものには巻かれろ」「事なかれ主義」「ヒラメ（経営層や上司の顔色をうかがう部下のメタファー）」「出る杭は打たれる」、権限と責任の曖昧性、家族主義、内向き思考や同調圧力、忖度など、日本的経営を象徴する言葉はネガティブなものばかりとなった。

中国などの新興国に市場を奪われ、すっかり自信を失った日本企業の多くが、欧米で流行りの「横文字」経営を模倣するようになり、夢中になっていった。ＢＰＲ（ビジネス・プロセス・リエンジニアリング）、ダウンサイジング、バランス・スコア・カード等のＫＰＩ管理、「ナレッジマネジメント」など、さまざまな経営手法が外部コンサルタントの主導のもと、企業に導入された。

パートタイマーや契約社員など雇用形態は多様化され、人件費の変動費化が推進された。早期退職制度や成果主義型の評価・報酬制度の導入も進んだ。事業の再編に伴う組織改編も進められ、人員削減や早期退職勧告、子会社への出向などのリストラも積極的に行われるようになった。最近では、ジョブ型雇用などが注目され、大企業中心に導入が進んだ。これらの多くが経営を効率化し、短期的な収益を上げるために有効な施策であったことは事実である。

ところが、「失われた30年」といわれる長い停滞期のトンネルからなかなか抜け出ることができなかったのは、ご存知のとおりだ。

『失敗の本質』から40年

『失敗の本質』刊行から40年が経つ。同書では、太平洋戦争における６つの作戦の失敗要因を戦略上・組織上の観点から説明した。[*4] 凝縮すれば「過去の成功体験への過剰適応」、要するに、組織内外の環境変化に対応する自己変革組織たりえなかったことが、日本軍の失敗の本質である。

日本軍は、過去に勝利を収めた日露戦争での戦い方である「白兵銃剣主義」と「艦隊決戦主義」を盲信し、固執したため、「海から陸へ」という太平洋戦争の本質を見抜くことができず、戦い方を進化させることは叶わなかった。

日本軍の特質は、戦後から現在に至るまで多くの組織を変わらず苦しめている。『失敗の本質』において、戦略上と組織上の失敗要因の分析で挙げた戦略目的の曖昧さ、短期志向、集団主義(空気の支配)、縦割り組織、異質性の排除、トライアル・アンド・エラーの排除、不都合情報の隠蔽などは、いわゆる大企業病の病巣と通底している。いくら科学や技術が進歩しても、多くの企業において不正や不祥事は後を絶たない。

ＪＴＣ(Japanese Traditional Company)などと日本の伝統的な大企業がインターネットやＳＮＳで揶《や》揄《ゆ》されているが、「大企業病」は他人事ではない。ＪＴＣは、大企業に蔓延する不合理な風土・制度・マネジメントに対する不満が顕在化したものだ。不満の内容は、以下のような「大企業病」の病理とも一致している。

- 稟議が多くて、承認されたときはすでに事情が変わっている
- 上司への報告のための準備に時間がとられる
- 社内調整に奔走しなければならない

●失敗が許されないので挑戦できない
●減点主義で評価される
●事なかれ主義でできない理由ばかり考える
●他部署に協力を要請しにくい
●顧客より社内の事情が優先される
●前例や慣習を踏襲していることが重んじられる
●ルールやマニュアル、手順に則っているかばかりが気にされる
●マイクロマネジメントで管理され、任してもらえない
●属人的な発想は嫌われ、誰がやっても同じ品質が仕事に求められる
●会議が、前回の指摘事項への回答から始められる
●会議のための会議が開かれる
等々。

大企業病が怖いのは、組織に慣性が働いて、変化を嫌うようになることだ。内外環境が変化していても対応することなく、過去に過剰適応した組織にはむしろ現状維持の作用が強く働くよう

＊4　戸部良一・寺本義也・鎌田伸一・杉之尾孝生・村井友秀・野中郁次郎（1984）『失敗の本質――日本軍の組織論的研究』ダイヤモンド社。

になる。環境変化とのギャップは徐々に大きくなっていき、組織としてのダイナミズムがゆっくりと失われ、気づいたときには手遅れになっていることもある。いわゆる「茹でガエル」現象である。

変化に対する違和感、心理学的にいえば「認知的不協和」[*5]を感じても、現状維持のために矛盾そのものをあえて誤認したり、妥当性を拒否したりして、既存の認知を自己正当化し、不協和を解消しようとしてしまうのだ。硬直化し、官僚主義に陥った組織では、不測の事態が起こらないことが当たり前とされてしまう。時代を問わず、隠蔽や虚偽報告などの温床が長期にわたり放置され、やがて不祥事や不正が明るみに出てニュースが世間を賑わせるが、背景にはそのようなメカニズムがある。

ただし、これは大企業に限ったものではなく、どのような規模、成長段階の企業や組織であっても油断があれば陥ってしまう可能性をはらんでいる。ヴォーゲルが警告していた「成功後シンドローム（成功した後に陥る症状）」[*6]は、太平洋戦争時の日本軍に限らず、いまなお企業や組織に背負わされた宿命なのである。

自己変革はなぜ阻害されるか

1960年に書かれたマーケティング論文の古典「マーケティング近視眼」におけるセオドア・レビットの文章を紹介しよう。「実は成長産業というものは存在しない、と私は確信する。

（中略）何の努力もなしに、自動的に上昇していくエスカレーターに乗っていると思っている企業は、必ず下降期に突入する。成長産業の歴史を調べてみると、急激な拡大の後に思いがけない衰退が訪れるといった、思い違いの繰り返しなのである」[*7]

ノーベル経済学賞受賞者ハーバート・サイモンは、人間をコンピューターにたとえた認知科学の情報処理モデルを組織論に応用した。サイモンは、人間の思いや価値観などの暗黙知を退け、価値前提を排除した。人間をコンピューターのようにプログラミングされたシステムに則って客観的なデータや情報を処理するマシンとして定義し、合理性や効率性を担保するために、客観

＊5　心理学者レオン・フェスティンガーは、自分や自分を取り巻く環境についての認知の間に矛盾が生じた際、それらは認知的に不協和な関係にあると考えた。このような認知的不協和は、不快感情を生み出すため、何とかして不協和な関係を解消しようとする。おいしいぶどうがあるが、自分の能力では入手できないという矛盾を、「そのぶどうはすっぱいにちがいない」と自分の考えを書き換えることで、解決したキツネの話をイソップ童話から例示している（フェスティンガー〔１９６５〕『認知的不協和の理論――社会心理学序説』〔末永俊郎監訳〕誠信書房、１６７頁）（Festinger, L.〔1957〕*A Theory of cognitive dissonance*, Stanford, CA: Stanford University Press.）。

＊6　エズラ・F・ヴォーゲル（２０１７）『新版　ジャパン・アズ・ナンバーワン』（広中和歌子・大本彰子訳）CCCメディアハウス、8頁。

＊7　セオドア・レビット（１９６０）「マーケティング近視眼」『DIAMONDハーバード・ビジネス・レビュー』２００１年11月号、72頁。

的・機械的・階層的な情報処理システムや官僚制のような仕組みが必要だと主張したのである。情報処理モデルのように、人間には限定合理性があるという前提が置かれると、組織全体としての認知能力を向上するために、標準化された手続きやルールであるルーティンが、組織に埋め込まれる。ルーティンとなった同じことの繰り返しは、硬直化につながり、思考停止を呼ぶ。当然のことであるが、内外環境の変化に対応することはできない。

組織学者カール・E・ワイクは、生物学者Dunnの「環境変化が、それまでの適応的専門化を残酷な罠に一変させてしまうことがよくある。専門化によって遺伝子のプールと多様性の幅が狭くなり、それ以上に環境が変化すると、しばしば種の絶滅となる」という言葉を紹介しながら、「適応が適応可能性を排除する」[*8]と述べた。ワイクは、「組織というものはオーバーマネジメントになりやすく、干渉の不足よりも過剰こそが多くの組織上のトラブルの因となっている」[*9]とも指摘した。環境に適応した組織は、将来、過去の適応によって環境不適応を起こしてしまう。自己変革を阻害するのである。

組織には慣性や惰性が働く。経済学や経営学では「経路依存性」[*10]などといわれ、これまでの仕組み、事象、意思決定に依存しすぎて、新たな取り組みが阻害されることを表す。変えようとする力には、反作用で抵抗勢力が生まれることとなるのだ。

クレイトン・クリステンセンが示した「イノベーションのジレンマ」という概念は、業界を長年リードしてきた優良企業が、市場や技術の変化に直面したときに、顧客の声に耳を傾け、技術に積極投資するなど「すぐれた経営」をしたがゆえに、かえって業界リーダーの座を追われるカラクリを説明した。

従来とまったく異なる価値基準をもたらす破壊的イノベーションが既存事業の枠組みの外で起きた場合、これまでの成功ゆえに、画新的であっても既存顧客のニーズに応えるわけではない技術を無視する意思決定を行ってしまい、十分な資源配分も行わず、その結果、破壊的技術の開発は妨げられて変化に対応できず、衰退してしまうのである。

このように、自己変革を阻む壁に多くの企業がぶつかってしまう必然、そして壁を越えられない要因が多くの研究者によって探究されてきた。

野中は、1985年にすでに『企業進化論』（日本経済新聞社）で日本的経営が転換期を迎えたことを訴え、さまざまな環境変化のなかで、自己変革し、進化し続けている日本企業の本質を読み解いていた。以来、組織的知識創造プロセス（SECIモデル）、実践知リーダーシップ、知的機動力などさまざまな概念で、内外環境に受け身で適応しようとするのではなく、自ら変化を創造す

＊8　カール・E・ワイク（1997）『組織化の社会心理学　第2版』（遠田雄志訳）文眞堂、10頁。
＊9　ワイク（1997）316頁。
＊10　Mahoney, James and Daniel Schensul (2006), Chapter24 Historical Context and Path Dependence, Robert Goodin (ed.), Charles Tilly (ed.), *The Oxford Handbook of Contextual Political Analysis*, Oxford University Press.

る主体としての組織の原理を明らかにしてきた。

企業や組織の創設期から成長期を経る過程で、外部環境だけでなく、内部環境も大きく変化する。現実は絶えず動いているのであり、その変化にさらされた組織が、成長痛や生活習慣病などに悩まされるのは当然である。だからこそ、規模の大小を問わず、その変化や痛みに対応するだけでなく、自らも変化を生み出す自己変革組織とならねばならないのだ。

実際、「失われた30年」の経済不況下、自己変革の努力を厭《いと》わず、「日本的経営」を進化させた企業が多くある。ソニー（現、ソニーグループ）や日立製作所などの大企業に限らず中小企業にも、幾度となく困難を乗り越え生きながらえてきた持続的成長企業が見られる。環境変化に直面した局面で、どのような自己変革を意図し、実践するかは、各々の企業や組織のトップからミドル、そしてフロントのメンバー全員に委ねられている。

どのような環境であっても、組織メンバーが持つ無限の潜在能力を解放し、組織内外の関係者とスクラムを組み、知恵を総結集して、未来志向で不断に自己変革（self-transformation）するしなやかさを発揮する。それは、人間が本来持っている主体的な創造性や野性を集合的に活かす経営である[*11]。ワイクは、「自らについておよび自らの考えるところについての意味形成（著者注：センスメイキング）が、変化に対応する能力を左右する（中略）新しいイメージ──多様な技能や感性がしみこんだイメージ──で自らをいつも見ている組織は、それゆえ、状況が変わったときに対処できる」と述べている[*12]。

2 自己変革を可能にする「二項動態経営」とは何か

われわれは、環境変化の只中で、組織の自己変革を可能にするのは、経営における「二項動態(dynamic duality)」の実践であると考える。組織のあらゆるレベルのメンバーは、動く現実の流れのなかでさまざまな矛盾やジレンマに直面する。その個別具体の文脈のなかで、共通善に向かって、「あれかこれか(either / or)」の二項対立(dichotomy)ではなく、「あれもこれも(both / and)」を追求する二項動態的な集合「実践知」創造を通じて、葛藤を超えて「より善い」をめざし、新たな価値創造への道を他者とともに切り拓くのである。

未来はいつの時代も先行き不透明であり、約束された未来など存在しない。どんなにデータを集め、最新テクノロジーを駆使して分析し、予測しても百発百中はない。無批判に手法だけをまねしたり、物事を単純化し、記号化し、分類し、計算するだけでは、創造的な解は見つからないことを肝に銘じなければならない。

＊11 野中郁次郎・川田英樹・川田弓子(2022)『野性の経営——極限のリーダーシップが未来を変える』KADOKAWA。

＊12 ワイク(1997)323頁。

未来は自分たちの生き方をどう創造していくかで決まる。正解のない未来を前提に、次々と直面するジレンマにあきらめずに向き合い、新たな価値をしたたかに創造し、実践することを集合的にめざす、それが、経営における二項動態による集合「実践知」創造である。

ダイキン工業（以下、ダイキン）は、二項動態経営を実践することで持続的な自己変革を達成してきた企業の一つである。創業１００周年を迎えたダイキンは、事業展開国１７３カ国、グローバル生産拠点１１７カ所を数える世界最大手の空調事業会社である。

ダイキンが掲げるのが「ＦＵＳＩＯＮ（融合）」経営だ。短期の収益力と中長期の成長性、この両立を図ることをめざす。そのほか、海外と国内、自社と買収企業などさまざまなジレンマを超えることをＦＵＳＩＯＮ経営は意図している。現会長兼ＣＥＯの十河政則は、「ぎりぎりの接点を求める」「実行重視の経営システム」「同時に、世の中の変化を見据えて、それを先取りし、アクションテーマに取り組んでいくということで、次の成長への一歩をいち早く形にしていく、独自の仕組み」と語る。[*13]

ここ10年で売上高は倍増し、２０２３年度の売上高は4兆円、海外売上高は8割を超える見込みである。市場特性の異なる欧州、東南アジア、インド、オセアニア、台湾でもシェア1位を誇り、2度の撤退の憂き目に遭いながら北米でも1位をめざせるポジションにいる。「失われた30年」の間、ダイキンは現状に安住することなく、二者択一になりがちなテーマにも果敢に取り組み、変幻自在に自己変革を遂げてきたからこその業績である。

ダイキンは、2008年中国最大手の珠海格力電器に対してインバータ技術を開示し、2015年には新冷媒の特許「R32」を無償で全世界に開放した。前会長の井上礼之が「右手で握手し、左手でけんかする」と表現したように、自社のコアテクノロジーを供与しつつ、マーケットでは猛烈に競い合えるよう競争の新しいルールを創造する。

中国ではそれまで数%しかなかったインバータ普及率が高まり標準となることで、ダイキンは競争優位を手にし高収益を獲得できるようになった。R32を使った空調は、130カ国で販売されるようになった。共創と競争をダイナミックに両立させるダイキンは、ときにロビー活動も熱心に行い、規制や法律の改正を働きかける。あるいは、日本型の泥臭いスタイルで顧客と顔の見える関係性を築く。戦う市場環境の本質を見極め、自社の競争優位を活かせる新しいゲームのルールをしたたかに創造しているのだ。

過度な自己否定、反省・自虐は必要ない。日本企業のなかにも、二項動態経営によって過去の自社を超えてきた企業が多くある。具体的なイメージを持ってもらうために、さらに、事例を紹介したい。

＊13 「特集　ダイキン　野性の経営　世界を制す4兆円の中小企業」『日経ビジネス』2024年3月18日号。

バンダイナムコグループの二項動態経営

２００５年、玩具大手のバンダイとゲームソフト大手のナムコの経営統合によって、バンダイナムコグループが誕生した。統合当時の業績目標は、売上高１兆円、営業利益１０００億円であった。どちらか一方が他方を吸収するという意味合いがまったくない対等な合併であり、設立当初は「誰もがうらやむ結婚」などともてはやされた。経営統合の結果、同社の売り上げ規模は、セガサミーホールディングスに次ぐ業界第２位に躍り出た。

２社の事業内容に重複が少ないこともまた合併のメリットの一つであった。統合前のバンダイは家庭用ゲームソフトの分野でも大手の一角を占めていたが、社内に開発部門を持たなかったことから、ナムコと合併したとしても開発部門のリストラに頭を悩ませる必要もなかった。

このように条件的には申し分のない両社の合併ではあったが、リストラを伴わない経営統合であったこともあり、合併後は新しい事業や製品を次々と具現化し、結果を出すことで、ステークホルダーを納得させる必要に迫られた。得意とする事業領域や組織文化が大きく異なる２社のM&Aにより、否が応でも二項動態経営を迫られたバンダイナムコは、これまでどのような経営を実践してきたのだろうか。そして現在、新たなステージに向かって、同社はどのような変革を行っているのであろうか。

○「知」を軸とした組織改編

統合直後のバンダイナムコは、合併による相乗効果を発揮するための社内整備を急ピッチで進めるはずであった。しかし蓋を開けてみると、市場や顧客の変化にうまく対応することができなかった。旧バンダイと旧ナムコはあらゆる面で異質であったため、二社の融合が思うように進まなかったのである。

両社は組織文化の面で大きく異なっていた。たとえば、統合前の旧バンダイではキャラクターマーチャンダイジングが重視されたのに対し、旧ナムコでは良い製品を創ろうとするものづくり志向が強かった。また、事業領域の重複がほとんどなかったことから、統合によって幅広い事業を傘下に収めることができたものの、事業間の相乗効果はまったくといっていいほど発揮されなかった。

2014年、当時の同社社長であった石川祝男は、合併後の数年間を振り返り、「領土は大きくなったが、国境はそのまま。互いに領空侵犯はしないという、統合の遠慮みたいなものがあった」[*14]と語っている。

現在バンダイナムコスタジオの社長を務める内山大輔は、合併当初のことをこう振り返る。

*14 『週刊東洋経済』2014年3月8日号、94―95頁。

「２０００人のナムコの社員のなかに、バンダイのゲーム部門の50人が合流したのですが、非常に大変でした。共通言語が１つもないんです。『商品』『売上』『開発費』の定義も全く違い、当初はとてもシナジーを生み出せるような雰囲気ではありませんでした。同じ業界にいるのですが、違う文化が出会うということが、これほど大変なのかというのを切実に感じました。２０００人の社員が『普通ですよ』と言っていることに対して、50人で『違いますよ』と変えられないんですね。違った文化の出会いが正の回転をしないで、負の回転をすると事業がうまく回らなくなるんです[*15]」

事業環境の変化への対応が遅れたことから、統合直後の２００６年３月期には売上高が４５０８億円、営業利益が３５６億円であったものが、２０１０年３月期には売上高が３７８５億円、営業利益が18億円になるなど、同社の業績は低迷した。２００人におよぶリストラに関連した特別損失の計上で、持ち株会社であるバンダイナムコホールディングスは、２０１０年３月期の当期利益予想を85億円の黒字から３１０億円の赤字に修正することを余儀なくされた。

こうした状況を打開するべく、２０１０年４月、バンダイナムコはリスタートプランを導入した。いわゆるＩＰ軸戦略への転換を図ったのである。ＩＰとは、キャラクターなどの知的財産のことである。ＩＰの観点からみて最適なタイミングで最適な事業において商品・サービスを発信することをめざすと同時に、組織もまたＩＰの切り口で再編していった。

リスタートプラン導入以前のバンダイナムコでは、他の多くの会社と同じように、事業部ごとに利益を最大化することが求められた。たとえば、業務用ゲーム機の分野で、ある特定のキャラクターが大ヒットしたとしても、その成果が家庭用ゲーム機の分野で十分に活かされることはなかった。しかし、IPを主軸とした組織に再編したことで、従業員自らが、どうやって横連動を行うべきかを考えるようになった。すなわち、新しい価値を生み出す知のエコシステムの創造を促すような組織へと生まれ変わったのである。

その後もIP軸戦略を進化させ続けた結果、2024年3月期にはバンダイナムコの売上高は1兆円を超え、営業利益も906億円に達した。

○パーパスの制定

2022年4月、バンダイナムコは、グループの上位概念となるパーパスを制定した。それが「Fun for All into the Future（中略）エンターテインメントが生み出す心の豊かさで、人と人、人と社会、人と世界がつながる。そんな未来を、バンダイナムコは世界中のすべての人とともに創ります」である。同社は、「つながる」と「ともに創る」の2つを、特に重要なキーワードとして位置づけている。世界中の人と「つながり」、「ともに創った」結果が「Fun for All into the Future」であ

＊15　一橋大学商学部ＳＢＡ経営分析プログラム　特別講演会「創造性を引き出す経営」ゲスト：バンダイナムコエンターテインメント取締役 兼 バンダイナムコスタジオ代表取締役社長　内山大輔。

り、「世界中の人々に楽しさと感動を届け、未来に向かって笑顔と幸せを追求していく」ことにつながる。

このパーパスは、社長の川口勝やミドル、海外のスタッフたちがさまざまな議論を戦わせ、約1年の歳月をかけて練り上げたものである。パーパス策定にあたっては、社内外の企業イメージ調査も行われたが、最終的には各地域における社員のディスカッションの内容が重視された。

たとえば、「つながる」というキーワード一つをとっても、誰とどのようにつながるのかという観点から多面的な議論が展開された。議論の結果、パートナー企業、社員、社会とつながるのはもちろんのこと、顧客であるファンについても既存ファンと新規ファンに区分すべきとの意見があがった。既存ファンとは「深く」つながり、新規ファンとは「広く」つながる。そしてファンから生まれたコミュニティ同士が「複雑」につながり合う。このように、「つながる」ことの意味を、さまざまな議論を通じて、社員たちがともに深掘りしていった。

昨今のエンターテインメント業界においては、顧客同士のみならず、顧客とクリエイターが「つながる」機会も増えている。バンダイナムコは、こうした外部環境の変化へ対応するために、「つながる」ことと「ともに創る」ことの意味と質を問い直すとともに、自社の存在意義・存在目的を再定義したのである。

こうして制定されたパーパスは、バンダイナムコが二項動態経営を実践するうえで、進むべき方向性を示す重要な指針となっている。パーパスが従業員を一枚岩にし、二項動態の実践を正当化する。近年、バンダイナムコグループは、各事業が展開するキャラクター、商品、イベントなどを、「観る」「触れる」「体験する」ことができるクロスストアという業態に多くの経営資源を投下している。クロスストアは、バンダイナムコと顧客がつながる場であると同時に、顧客同士がつながる場でもある。クロスストアは、パーパスが重視する「つながる」と「ともに創る」というキーワードを具現化した空間であるともいえる。

バンダイナムコでは、事業領域ごとに分散していたファンのデータをグループで一元管理する「データユニバース構想」も進められている。川口は同構想について次のように語っている。「スマートフォンの世界でいえば、ファンがどんな風にゲームを楽しんでいるかをデータで解析できる。トイホビーもネット販売が増えてきたので、ファンがどのＩＰにどのようにお金を使っているかが細かく分析できる。これらのデータを集約し、つないでいくことで、ファンの満足度向上に役立つさまざまな施策が実行可能になる。グループとしてマンツーマンでお客さまと向き合えるようにもなります[*16]」。ファンとのつながりを強化する方策についても抜かりがない。

パーパスの制定と同じタイミングで、統合後初めてロゴマークが変更された。文化の異なる2社が一つになり進化できるようにとの思いが込められた旧ロゴから、「吹き出しマーク」の新ロゴ

＊16 「野中郁次郎の経営の本質　バンダイナムコホールディングス　代表取締役社長　グループＣＥＯ　川口勝」『Works』２０２３年２月10日（https://www.works-i.com/works/series/management/detail011.html）。

への変更である。グローバル展開する企業としてのブランドにも新しいパーパスを反映したいとの思いから、世界的にも人気の高い日本の漫画文化を象徴する「吹き出し」が採用された。現在、バンダイナムコのすべての商品やサービスには「吹き出しマーク」がつけられている。さまざまな商品や事業を一つにつなげて統一イメージを醸成することを目的としているが、商品・サービスの世界観に合わせて色味が変更できるなど、柔軟な運用が可能となっている。

○製品・サービスの二項動態

バンダイナムコの製品・サービスには、いくつかの次元で二項動態が内在している。まず挙げられるのが、フィジカルな玩具とデジタルゲームの綜合である。バンダイナムコは、ガンプラやフィギュア、カプセルトイなど、実際に手元に置いてフィジカルに遊べる玩具を手掛けると同時に、「エルデンリング」や「鉄拳」、「エースコンバット」などデジタルゲームの開発・販売も行っている。

他社に目を向けると、フィジカルとデジタルが二項対立として捉えられ、綜合がなかなか進まない現実がみてとれる。たとえば、玩具業界では、レゴやハズブロ、マテルなどの大手企業が世界的に有名である。日本ではタカラトミーがバンダイナムコと同様にフィジカルな玩具を取り揃えている。しかしこれらの企業はいずれもフィジカルの玩具メーカーであり、デジタルゲームについては取り扱いがない。

一方、デジタルゲーム事業においては、ソニーグループのソニー・インタラクティブエンタテインメントやエピックゲームなどがライバルに該当する。しかし、バンダイナムコを除くほかのゲーム会社は、ゲーム事業に経営資源を集中しており、玩具事業を手掛けてはいない。

バンダイナムコは、フィジカルの玩具とデジタルのゲームを二項対立として捉えるのではなく、二項動態を追求することで、新しい価値を生み出している。たとえば、2022年にバンダイナムコが販売し、世界的に大ヒットした「エルデンリング」というゲームがある。バンダイナムコは、同ゲームのキャラクターをフィジカルのフィギュアとして販売するだけにとどまらず、エルデンリング内で使用された音楽をコンサート形式でファンに届けるイベントまで開催している。ゲーム、玩具、そして音楽をダイナミックに綜合する取り組みである。

バンダイナムコでは、リアルな施設とオンラインの綜合も進められている。旧ナムコは、統合以前から、ゲームセンターなどリアルに楽しめるアミューズメント施設を運営していた。ナムコがかつて展開していたアミューズメント施設は、アーケードゲームを楽しむゲームセンターとしての色彩が濃く、それぞれの顧客がゲームそのものを楽しむ場であった。

一方、現在バンダイナムコが展開するアミューズメント施設には、クレーンゲームや「太鼓の達人」などが多く設置されている。そこは、家族やグループで遊びにきた顧客が体験を楽しむ空間である。お台場や福岡、上海にガンダムの実物大の立像が設置されていることをご存じの方も多いだろう。バンダイナムコは、主にガンプラを販売するガンダムベースという総合施設を運営し、好評を博している。

リアルな施設を展開する一方で、バンダイナムコはオンライン配信にも注力している。2022年5月、バンダイナムコは、本社ビルの未来研究所内に配信・収録スタジオ「MIRAIKEN studio（未来研スタジオ）」を設置した。未来研スタジオでは、VR（仮想現実）やAR（拡張現実）、MR（複合現実）などのXR（クロスリアリティ）技術やリアルタイムモーションキャプチャーを活用して、バンダイナムコの製品やサービスに関する配信・収録を行っている。

リアルのアミューズメント施設とオンライン配信とをそれぞれ独立して共存させるだけではなく、両者を綜合する試みもある。たとえば、アミューズメント施設で人気の高いクレーンゲームを、いまやスマホやパソコンで楽しむことができるのをご存じだろうか。オンラインでクレーンゲームを行うと、商品が自宅に配送されてくる仕組みである。ほかにも、コンビニなどのリアルな店舗で楽しめる一番くじをオンラインで提供するなど、バンダイナムコはリアルとオンラインを綜合した事業を複数展開している。

○ＩＰを軸にした知の創造

フィジカルとデジタル、あるいはリアルな施設とオンラインを、二項対立ではなく二項動態として捉え、次々と新しい価値を生み出し進化していくバンダイナムコの経営には、先述のようにＩＰ（知的財産）という確固たる軸が存在している。バンダイナムコにおけるＩＰとはすなわち、

「機動戦士ガンダム」や「仮面ライダー」「スーパー戦隊」「ドラゴンボール」「パックマン」「ラブライブ！」など、さまざまなキャラクターの知的財産のことである。

玩具、ゲーム、アニメ、アミューズメント施設などグループの商品・サービスを総動員し、1つのＩＰによって獲得される収益を最大化することをめざすＩＰ軸戦略は、2009年から2015年にグループを率いた石川祝男によって提唱・導入された。

バンダイナムコは、他社が著作権を保有する他社ＩＰと、自社が著作権を持つ自社ＩＰをもまた、二項対立ではなく二項動態として捉えている。

統合前の旧バンダイは、集英社の『週刊少年ジャンプ』やテレビなどで流行ったキャラクターのキャラクターマーチャンダイジングを積極的に手掛けていた。キャラクターマーチャンダイジングの領域では、他社が版権を持つ他社ＩＰを活用することが一般的である。他社ＩＰについては、バンダイナムコ側が自律的に利用することはできない。そのためバンダイナムコは、以下で説明するような共創プロセスに参画することで、他社が育成したＩＰの活用を実践している。と同時に、ＩＰプロデュースユニットで自社ＩＰを育成することにも余念がない。

たとえば、バンダイナムコは、『週刊少年ジャンプ』に連載された漫画のキャラクターに関連した玩具やゲームを多数販売している。バンダイナムコのキャラクターマーチャンダイジングによって玩具やゲームを楽しんだファンは、ますますキャラクターに没入することとなり、結果としてもととなった漫画自体のファンの数も増加する。これがＩＰの共創である。

自社でＩＰを育成した例としては「アイドルマスター」などが挙げられる。自社でＩＰを育成すると、他社から商標権を獲得する必要がないため、キャラクターマーチャンダイジングの自由度がより高まる。２０２０年３月、バンダイナムコは、ガンダムの版権ビジネスを行っていた創通を完全子会社化した。その目的の一つは、ガンダムというＩＰの価値を最大化することにあった。

バンダイナムコがまだ業績不振にあえいでいた２０１２年、旧ナムコの開発人員がバンダイナムコスタジオに異動となった。「パックマン」「太鼓の達人」「アイドルマスター」など、現在バンダイナムコが所有する代表的なＩＰの多くは、旧ナムコが生み出したものである。

前出のバンダイナムコスタジオ現社長の内山は、２０１２年当時、ユーザーのニーズを徹底的に深掘りするナムコ流のＩＰの開発スタイルに初めて触れ、わくわくしたという。[*17] 内山がかつて所属した旧バンダイでは、もっぱら出版社やテレビ局との調整に追われていたからだ。旧ナムコのノウハウは、現在も自社独自の新規ＩＰ創出に貢献している。

このように、ＩＰを切り口とした組織への再編を進めたことで、社員たちは出身にかかわらず、徐々にＩＰ軸戦略にコミットするようになっていった。加えて経営統合後に入社した若手社員が育ったことで、合併の相乗効果が生まれ始めた。

内山によれば、たとえばガンダムというＩＰを中心とした新しい製品やサービスを開発する場合、ゲーム事業を展開するバンダイナムコエンターテインメント、ガンプラなどを展開するＢＡ

NDAI SPIRITS、映像事業を展開するバンダイナムコフィルムワークス、アミューズメント施設を運営するバンダイナムコアミューズメントなどが一致協力することで、その出口が広がり、事業ポートフォリオを組みやすくなるという。

バンダイとナムコとの経営統合から20年近く経った現在、アニメや漫画などIPの年間取扱商品数は2万点を超える。いまやバンダイナムコは、日本のキャラクタービジネスを先導する立場にある。

IPを主軸に据えた知の創造を継続するためには、稼いだ利益を用いて戦略的な投資を行う必要がある。2022年4月から2025年3月期の中期経営計画において、バンダイナムコは、IP軸戦略の進化に向けた戦略投資として3年間で約400億円の投資を行う計画を発表した。

こうした戦略投資には、新規のIP創出やグループ横断的なIPプロジェクト、オープン・イノベーションのほか、データ基盤の構築、コンテンツの開発などへの投資が含まれている。将来的な知となりうるIPの創出・進化のために、稼いだ利益を再投資することで、パーパスの実現に向けた経営を持続させているのである。中期経営計画では2025年3月期の営業利益目標として1250億円という数値が示されている。設備投資にもキャッシュフローを配分しなければ

＊17 『日経産業新聞』2021年12月17日付。

ならないことを考慮すると、同社によるＩＰへの投資額がいかに大きいかがわかるだろう。

バンダイナムコはさらに、２０２５年3月期の目標ＲＯＥ（自己資本利益率）についても12％以上という水準を設定し、株主価値を高めようとしている。株主による信任がなければ、ＩＰを軸とした知の創造を継続することができないからである。バンダイナムコは、知識創造の実践によって利益・キャッシュフローを創出し、それを新たな知識創造活動に再投資するというサイクルを構築することで、二項動態による経営の実践をめざしている。

○組織改編でゆらぎやカオスを生み出す

ここまで見てきたように、バンダイナムコは、ＩＰという切り口から製品やサービスを多元的な二項動態として捉え、それらの融合・綜合を試みている。くわえて、組織内に偶発性や異質性をあえて取り込むことによってもまた、新たな知の創造をめざしている。

２０２１年4月、バンダイナムコグループは、玩具事業のトイホビーユニットとゲーム事業のネットワークエンターテインメントユニットを統合し、エンターテインメントユニットを新設した。エンターテインメントユニットという一つの組織内にトイホビー事業とデジタル事業を置くことにしたのである。玩具事業とゲーム事業の両事業は、両者を合わせると全グループ売り上げの9割を占める同社の稼ぎ頭である。2つの異なる大規模な事業領域を、あえて一つのユニットに統合する決断を下したことになる。

川口はこのユニット統合を「シェアハウスモデル」と名づけている。「2つの事業を1つの〝母屋〟にいれ、目標を一緒にしたのです。事業の特徴が異なるので、それぞれの〝個室〟はあるのですが、空いている時間に共有部分の〝リビング〟に降りてきて、一緒にこんなことができないかなど、おしゃべりしてもらうというわけです」[*18]。これは明らかに、事業の方向性や保有技術の相互作用を高めることを意図した組織改編である。長年、遠くて異質な存在であった玩具事業とデジタル事業をユニット統合することで、連携を意識する機運が醸成されるようになった。

また2022年春には、映像事業と音楽事業の再編にも着手した。「機動戦士ガンダム」の制作企業は、映像と音楽の2社に統廃合された。20カ所以上のアニメ制作拠点を集約し、約1000人が同じビルに集う体制に切り替えられた。

それまでなかなか進まなかった玩具事業とゲーム事業の融合であったが、エンターテインメントユニットを新たに設置することで、フィジカル事業に携わる社員とデジタル事業に携わる社員とが、半ば強制的に顔を合わせるようになった。こうした異質同士の出会いを通じて、両者の間で尊敬が生まれ、新たな知が生まれ始めている。

従来は、同じグループ内にありながら異なるユニット傘下にあったため、玩具事業とゲーム事

＊18　「野中郁次郎の経営の本質　バンダイナムコホールディングス　代表取締役社長　グループＣＥＯ　川口　勝」『Works』２０２３年２月10日（https://www.works-i.com/works/series/management/detail011.html）。

業の間には見えない壁が存在していた。それを一つのユニットに統合したことで、自然発生的に事業横断的なさまざまなプロジェクトが立ち上がるようになったのである。ガンダムメタバースはその一例である。

ガンダムメタバースとは、仮想空間上にガンダムに特化したメタバースを構築したものである。メタバースのなかでは、個々のガンダムファンが、あるいはファン同士が、キャプチャーしたガンプラなどを楽しむことができる。フィジカルとデジタルがうまく綜合した例である。

エンターテインメントユニットに集められた社員たちは、スクラムを組んで全員経営で試行錯誤するようになった。こうした動きを人事異動もまた後押しした。組織改革以前にフィジカル事業を展開していたＢＡＮＤＡＩ ＳＰＩＲＩＴＳの取締役であった藤原孝史が、デジタル事業を行うバンダイナムコエンターテインメントの常務取締役に就任することになったのである。同時に、バンダイナムコエンターテインメントの常務取締役であった宇田川南欧が、ＢＡＮＤＡＩ ＳＰＩＲＩＴＳの代表取締役社長に就任した。

玩具事業とゲーム事業では、外部環境や製品のライフサイクルが大きく異なる。玩具事業に長く携わってきた藤原がデジタル事業を担当し、デジタル事業を担当していた宇田川が社長として玩具子会社を統括するのであるから、なかなかにチャレンジングな人事である。

当然のことながら、玩具事業を担う組織にとって宇田川は異質な存在であり、反対にデジタル事業を担う組織にとって藤原は異質な存在となった。この「たすきがけ人事」の背後には、共創プロセスにおける摩擦をあえて発生させることで葛藤の場を整えると同時に、縦割り意識を打破し、事業間の橋渡しを促進したいという明確な意図があった。

宇田川は1994年に旧バンダイに入社し、デジタル一筋のキャリアを歩んできた。「玩具を知らないバンダイ」であったはずが、突如ガンプラを擁するBANDAI SPIRITSのトップとなった。宇田川は当時のことをこう振り返る。「開発スパンがゲームとモノ商売とではまったく違って。最初の戸惑いはそこですね[*19]」

一方、1998年にバンダイに入社した藤原は、「製販一体」のガンプラに長く携わり、デジタルに関してはまったくの門外漢だった。

藤原は「作り手と売り手が一緒に製品を届ける点は、プラモデルもゲームも同じとわかった[*20]」と当時のことを振り返る。「実際にデジタル事業に携わることで、トイホビー事業とのビジネスモデルや事業サイクルの違いを肌で感じることができました。一方で、根幹にある想いは変わらないという印象も持ちました。デジタル事業もトイホビー事業も、市場やファンに受け入れていただける良いモノをつくるという点では想いは共通しています[*21]」

＊19 『日経産業新聞』2021年12月17日付。
＊20 『日経産業新聞』2021年12月17日付。
＊21 バンダイナムコホールディングス統合報告書。

宇田川も藤原も、事業多角化のさなかに入社し、ナムコとの統合を現場で経験した。組織統合を体験することを通じて、異質性を受け入れることの重要性を体感してきた世代である。デジタルとトイホビー両事業のエースの「たすきがけ人事」は、両方の事業領域に精通し、型破りな商品・サービスを創造する人材育成の契機となった。現在のバンダイナムコでは、異質同士が集まり、他者の主観と全人格的に向き合った対話が行われている。相互に無心になり徹底的な議論をし尽くすことで、「われわれの主観」が創り出され、結果として、集合的に本質を見極められるようになる。それが新しいコンセプト創造につながっているのである。

バンダイナムコには、失敗を許容し挑戦を奨励する文化も存在する。川口自身のキャリアが、敗者復活の文化を物語っている[*22]。

1996年、統合前の旧バンダイは、川口とシニアアドバイザーの宮河恭夫が中心となってアップルコンピュータと共同で「ピピンアットマーク」というゲーム機を開発した。ハードディスクの代わりにフラッシュメモリーを搭載したマルチメディアデバイスというコンセプトは当時としては斬新だったが、技術的に未成熟であったこともあり、まったく売れなかった。発売元のバンダイ・デジタル・エンタテインメントは、270億円の損失を計上し、1998年に解散を余儀なくされた。

当時のバンダイの社長は、「失敗した分、ノウハウがたまったはずだ。今度はそれを活かしなさい」と川口を激励し、再挑戦のチャンスを与えたという。バンダイナムコには、大きな失敗をした後も試行錯誤を重ね、事業部門やプロジェクトのリーダーに就任した人物がほかにもいる。

敗者復活の風土を象徴する言葉として、当時のバンダイでは「散らかし屋」と「片づけ屋」がたびたび用いられた。「散らかし屋」は、アイデアや情報をもとにリスクに挑戦するので、ときには失敗することもある。「片づけ屋」は、事業が成立するかを冷静に見極め、挑戦する人の暴走を防ぐ。組織にはその両者が必要だという訳である。[*23]

バンダイナムコでは、常日頃から、頻繁に組織改編を行っている。しかも業績のよい部署ほどその対象になるというから興味深い。組織を進化させるには、組織を絶えず不均衡にしておく必要がある。ゆらぎといってもよいだろう。そうしたゆらぎがあるからこそ、二項が動いて変容が生じ、新たな道が見つかる可能性が広がる。

しかも、バンダイナムコの組織変革は、グループ全体としての動的変革（transformation）プロセスを通じて行われている。これは、二項動態経営そのものである。意図的に組織にゆらぎを起こすことにより、知的コンバットの場で異質が組み合わさって、無意識的な発想の飛躍を集合的に触発するのである。

＊22　「創造性の森を育む人的資本のマネジメント――エンターテインメント企業に無形資産の活用法を学ぶ」『ダイヤモンドクォータリー』30：26－35頁。

＊23　朝日新聞デジタル　2018年9月5日（https://t21.nikkei.co.jp/g3/CMN0F12.do）

アイリスオーヤマの二項動態経営

1958年、高度経済成長ににぎわう戦後の大阪で、現会長である大山健太郎の父、大山森佑が東大阪にプラスチック製品の下請け加工をする小さな町工場「大山ブロー工業所」を創業した。[*24] 創業6年後の1964年、創業者である父の死去に伴い、弱冠19歳の健太郎が家業を継いだ。脱下請けをめざした健太郎は、他社の嫌がる仕事や難度の高い仕事を積極的に請け負って技術を磨きつつ、自社ブランドの開発をめざした。最初に手掛けたのは、養殖用のブイ、次は育苗箱であった。水産業、農業のメインマーケットであった東日本に位置する仙台に目をつけ、仙台工場を新設したのは、27歳のときであった。

大阪と仙台の二拠点で順調に事業を展開していたが、1973年、石油危機で大打撃を受け、倒産の危機に直面した健太郎は、断腸の思いで大阪工場を閉鎖する。1978年、仙台工場への異動に応じた従業員はたったの5名であり、結果として家族同然の仲間をリストラすることになった。

石油危機後、園芸業界に目をつけた健太郎は、「生活が豊かになるにつれ、室内で観葉植物や鉢花を楽しむようになる」と考え、育苗箱のノウハウを活かし、プラスチック鉢を開発し、あっという間に園芸用品でナンバーワンとなった。ここで壁になったのは流通網であったが、健太郎は急速に成長していたホームセンター業界に着目した。誕生したばかりのホームセンターにとっても、大量供給してくれるアイリスオーヤマは、ともに成長していくパートナーとなった。

ホームセンターをメインの販売チャネルとし、売り上げを伸ばした同社に対して、またもや難題が突きつけられる。ホームセンター側から問屋と同じサービス（配送、陳列、店頭販促活動など）を求められたのである。そこで誕生したのが、自ら問屋機能を持つ「メーカーベンダー（製造卸）」という新しい「業態」だった。

当時の商慣習であった生産→卸売→販売というチャネルから、問屋を省きメーカーが直接商品提供することで、コストを大幅削減できると同時に、売り場をコンサルティングしながら魅力的な売り場づくりや販売促進をサポートし、生活者の声がダイレクトにフィードバックされる。

素材ありきのメーカーという業種から、さまざまな素材とあらゆる技術を組み合わせて、売り場の品揃え視点で商品開発を行う、製造と問屋の機能を併せ持つ新しい「業態」に二項動態する自己変革を実現したのである。

その後、1980年代にはペット用品、クリア収納ケースと大ヒット製品を、SEG（シンプル・エコノミー・グッド）というコンセプトに象徴されるように、顧客が使いやすく、品質がよく長持ちする製品を値ごろ価格で提供するという思いで生み出していく。1992年には、現在の本

＊24　アイリスオーヤマの沿革は、アイリスオーヤマ・ウェブサイト「アイリス物語」を参考にした（https://www.irisohyama.co.jp/story/01.html）。

拠地である宮城県の角田市に、角田工場（現・角田I．T．P．〔インダストリアル・テクノ・パーク〕）を完成させた。バブルが崩壊し個人消費が低迷していたが、好不況にかかわらず成長できる仕組みをつくっていたアイリスオーヤマは、ほとんど影響を受けなかった。

パンデミック時、マスクが一斉に店頭から消えた際も、中国工場でのマスク生産能力を一気に引き上げ、驚くほどのスピードで増産が可能になったのは、「工場は常に三割の空きスペースを持っていく」という方針にあった。一見、非効率でも、変化に対応できる余力を持つことで、アイリスオーヤマは社会的責任を果たすことができたのである。

このようにして、従業員数5名の売上高が約500万円だった下請けプラスチック加工の町工場は、度重なる困難を自己変革するチャンスに変え、新たな製品、業態を生み出し、グループ全体で売上高7900億円のグローバル企業に成長していったのである。

○企業理念と非上場

アイリスオーヤマの企業理念は、石油危機の際に大阪工場を閉鎖しなければならず、仙台工場への異動ができなかった従業員をリストラしたという苦い経験がもとになっている。

1．会社の目的は永遠に存続すること。
　いかなる時代環境においても利益の出せる仕組みを確立すること。

2. 健全な成長を続けることにより社会貢献し、利益の還元と循環を図る。
3. 働く社員にとって良い会社をめざし、会社が良くなると社員が良くなり、社員が良くなると会社が良くなる仕組みづくり。
4. 顧客の創造なくして企業の発展はない。生活提案型企業として市場を創造する。
5. 常に高い志を持ち、常に未完成であることを認識し、革新成長する生命力に満ちた組織体をつくる。

いかなる時代環境においても、着実に利益を上げ、会社を存続させていくという強い決意が示されている。また、成長と利益と社会貢献、良い会社と良い社員、顧客の創造と市場の創造、あらゆる要素を関係性で捉え、その循環を、仕組みによって実現しようとしていることもうかがえる。アイリスオーヤマといえば、大山会長の強いリーダーシップのイメージがある。しかし、革新成長するための仕組みこそが、企業理念実現の無限追求を可能にするのだ、と社内外に宣言しているのである。

また、アイリスオーヤマは非上場企業である。大山会長には、株式公開すれば創業者利益を手にできるかもしれないが、志を曲げ、自由に（会社を）指揮できなければ意味がない、という強い信念がある。「本来、上場とは資金調達に必要だからするものだ。幸い今は資金の心配はない。今の日本には上場のメリットより問題が多いと感じる[*25]」と語っている。

パーパスとしての企業理念は、日々意味づけしなければ、神棚に飾られ、単なるお題目になってしまう。アイリスオーヤマでは、毎週月曜日、大山晃弘社長ら経営層が全社員に向けて話す「朝礼」を実施し、全国の主要拠点にリアルタイムで中継する。大山社長らが話した内容は、年末に1年分まとめて全社員に配布される。記録に残るので話すほうも真剣に準備する。それを毎週行っている。経営層が持っている問題意識や思いをタイムリーに伝えていくことは、パーパスを現実の文脈において意味づけていくことでもある。

○知をタテ・ヨコ・ナナメに自在に流通させる

アイリスオーヤマでは、社員がＩＣ（Information & Communication）ジャーナルという日誌をつけている。毎日、パソコンやスマホで２００字以内の文章を社内システムに投稿する。

これは、多くの企業で実施されている単なる業務日報や報告ではない。「商談何件、売り上げ○○」などの行動や成果の記録は不要とされ、現場のアイデアや改善点を、意思を持ってジャーナリストの目線で書くことが求められる。ＩＣジャーナルを書くことによって、日頃から、動く現実のなかで何が問題かを洞察する力、そして、その本質を２００字以内にまとめて他者に伝える力が否応なく鍛えられている。

ＩＣジャーナルは、部下から上司への報告ではなく、上司や同僚は互いに閲覧でき、特定の社員をフォローしたり、いいね！のメッセージを送ることができる。ＩＣジャーナルを通じて、社員同士の知が出合い、新たなアイデア創造が起きる契機ともなっているのだ。

経営層も目を通しており、現場の生の声をリアルタイムでキャッチできる。大山も「私も毎日3回に分けて読むのを楽しみにしています[*26]」と語る。実際、中国・武漢での新型コロナウイルス発生の情報も、駐在員のＩＣジャーナルからいち早く入り、他社に先駆けたマスク増産などの迅速な対応を可能にした[*27]。

日頃から、一人ひとりが直接経験で得た意味づけや価値づけを言語化することを日々鍛錬し、全社員で共有し、意見交換する仕組みとして機能している。紡ぎ出す言葉は、自分の生き方から絞り出した言霊になる。ＩＣジャーナルは、こうした思いの込められた生きた知の水脈となって、アイリスの社内でタテ・ヨコ・ナナメに流れることを促進する仕組みなのである。

また、アイリスオーヤマでは、管理職以上全員に経営情報がすべて公開されている。大山会長は「上場会社なら、株価に影響のありそうな経営情報は一定の人を除いてクローズにしないといけない。ですが、当社は株価への影響を考えなくていいので、新規事業に関しても情報を隅々ま

＊25　PRESIDENT Online　２０２１年7月30日（https://president.jp/articles/-/47839?page=1）。
＊26　「二十代をどう生きるか」月刊『致知』２０２１年９月号より一部を抜粋（https://www.chichi.co.jp/web/20211008_ooyama_kentaro/）。
＊27　大山健太郎（２０２０）『いかなる時代環境でも利益を出す仕組み』日経ＢＰ。

で共有できるわけですね」[28]と語る。経営情報の定期的な共有は、ミドルが自身の部門のことだけでなく、大局観をもって判断できる視野・視界・視座を育てることができ、組織のサイロ化を防ぐことができるのである。

○新商品開発会議

年間1000点以上の新商品を生み出すアイリスオーヤマが、組織に内在させている場は、毎週月曜に角田I.T.P.で行われている新商品開発会議であろう。全国各地の拠点や海外拠点ともオンラインでつなぎ、商品の立案者をはじめ、市場を調査するマーケティング担当、仕様を決める開発者、製造担当、そして、最終的に決裁をする社長まで関係者が一堂に会する。

商品のコンセプトや価格、発売可否まで、すべてがここで決まる。朝9時に始まり17時過ぎまで検討されるのは、50～60件ほどである。5～10分ほどの短時間でプレゼンと質疑応答、ユーザー目線での真剣勝負の議論が行われる。

即断即決で、提案が通った場合は、社内稟議は不要であり、プロジェクトは次の段階へすぐに走り出す。社内政治でイノベーションのダイナミクスが失われることを防いでいる。関係者が皆、出席しているために、会議直後から全員が自分のやるべきことを認識し、機動的に動き出す。新商品開発会議は、徹底対話と意味づけを自在に行う場であり、アイリスオーヤマの機動的な自己変革力を支えている。

大山会長は「一人の社員が50回の会議に10年出れば、合計で500回だ。この会議自体が情報を共有する機会になっており、他社がまねしようとしても簡単なことではない」[*29]と語る。

非常にオープンな場となっており、判断基準がブラックボックスにされることはない。会議では、必ず担当者に対して、大山社長から何がよかったのか、却下された場合、なぜ却下されたかが直接生の言葉で伝えられるため、先述したSEGの示す、シンプルさ、値ごろ感、高品質という、ともすると両立するのが難しいコンセプトの意味するところ、経営層の意思決定の基準が社員に浸透していく場としても機能している。

却下されたプロジェクトにも再度の挑戦チャンスが与えられている。また、プロジェクトが成功した場合、成功はチームメンバーへの称賛となり、失敗した場合は、経営トップ層の責任となる。挑戦と失敗も二項動態で綜合されている。

アイリスオーヤマでは、ロングセラーに頼らず、発売3年以内の商品売り上げ割合が6割以上で商品を新陳代謝させていくことを徹底しており、組織は絶えず新商品開発のプレッシャーの下にある。これは健全な刺激となって、従業員を絶えず、顧客が使いやすく、品質がよく長持ちする製品を値ごろ価格で提供するためにどうしたらよいか、という集合的イノベーション思考に向

＊28　PRESIDENT Online　2021年7月30日（https://president.jp/articles/-/47839?page=1）。
＊29　村松進（2023）『アイリスオーヤマ　強さを生み出す5つの力』日本経済新聞出版、72頁。

かわせているのである。

ユニ・チャームの二項動態経営

ユニ・チャームは、「Love Your Possibilities」「NOLA&DOLA」の実践というビジョンを掲げて経営を行っている。[*30] NOLA（Necessity of Life with Activities）は、「生活者がさまざまな負担から解放されるよう、心と体をやさしくサポートしたい」という想いにもとづいた顧客への提供価値を示している。一方のDOLA（Dreams of Life with Activities）は、「生活者一人ひとりの夢を叶えたい」という想いを具現化するような提供価値のことである。「NOLA&DOLA」の想いを社内外と共有し、「共生社会」の実現を加速させるために掲げたコーポレート・ブランド・エッセンスが「Love Your Possibilities」である。

ユニ・チャームは、不織布・吸収体の技術を中心として、ウェルネスケア、フェミニンケア、ペットケア、ベビーケア、Kireiケアの5つの領域で事業を展開している。少子高齢化が進む日本では、子供用の紙おむつ市場の規模が縮小の一途をたどっており、日本国内のみで事業を展開していたのでは、近い将来、成長が限界を迎えることは明らかである。こうしたことから、同社社長の高原豪久は、2001年の社長就任以来、グローバル化を積極的に推進してきた。

2000年12月期の同社の売上高は2122億円であり、そのうち海外売り上げは約13％程度にすぎなかった。しかし、2023年12月期には売上高が9418億円に増加し、海外売り上げの比率は約66％にまで拡大している。同期間における花王の海外売上高比率が約22％から約44％への増加にとどまっていることからも、ユニ・チャームの海外事業展開がいかに高い成功を収めているかがわかるだろう。一方、海外市場ほどではないものの、ユニ・チャームは国内市場においても売上高を増加させている。

現在同社の社長を務める高原は、創業家の2代目であり、2001年に39歳の若さで社長に就任した。もっとも、ユニ・チャームは創業家によるトップダウン経営を行っているわけではない。ユニ・チャームは、経営層も現場の最前線もそれぞれが目標に向かって自らの思考と行動をセットで変化させ、「現場の知恵を経営が学び、経営の視点を現場が学ぶ」ことを「共振の経営」と定義し、それにもとづいた経営を実践している。

「共振の経営」は、知識創造理論のSECIモデルを具現化し、社員全員で暗黙知と形式知を共有・学習する仕組みとして機能している。暗黙知は定期的に形式知として表出するプロセスに社員全員で取り組むことによって、知識創造にもとづく学習を実践しているのである。「共振の経営」の本質は実行を伴う知識創造の経営であり、ユニ・チャーム社内における集合知を生み出す

＊30　ユニ・チャームについては、高原豪久（２０１４）『ユニ・チャーム　共振の経営』日本経済新聞出版、大薗恵美「第23回ポーター賞受賞企業に学ぶ」『一橋ビジネスレビュー』２０２４年夏号、２０２－２０６頁を参考にした。また、野間幹晴による高原豪久氏インタビュー、２０２４年10月23日。

ことに大きく貢献している。

ユニ・チャームが扱う製品分野では、同じ製品であっても、国によってニーズが大きく異なる。そのため、徹底的なマーケティング活動が必要不可欠である。たとえば、2020年9月、ユニ・チャームはマレーシアでマミーポコ・エクストラ・ドライ・プロテクトという商品を発売した。東南アジアでは、気候変動の影響で降水量が増え、デング熱の拡大が懸念されている。マミーポコ・エクストラ・ドライ・プロテクトは、世界初となるアンチモスカプセルを搭載した紙おむつであり、デングウイルスを媒介する蚊を寄せ付けないという画期的な商品であった。

マミーポコ・エクストラ・ドライ・プロテクトの事例からも分かるように、ユニ・チャームは、各地域のニーズに合わせる形で地域独自の知識創造を行っている。と同時に、ローカルで創造された知を、グローバルに展開する仕組みをも持ち合わせている。ユニ・チャームは、国内市場と海外市場を二項動態として捉えた経営を行っているのである。

ユニ・チャームでは、課やグループに該当する最小単位のマネジメント組織を「スクラム」と呼ぶ。このスクラム単位で週次で開催されるのが「スクラム作戦ミーティング」である。スクラム作戦ミーティングの場では、スクラムリーダーが作成したOGISM（A）表（期間内達成目標（Objectives）→数値目標（Goals）→課題（Issues）→戦略（Strategies）→判定基準（Measures）→アクションプラン（Action Plan）の流れでまとめた計画立案フォーマット）をもとにメンバー全員が英知を結集する。その週の成果が最大になるようにメンバー全員で作戦を練るのである。

ユニ・チャームでは多層的にスクラムが形成されている。スクラムリーダーは、一つ階層が上のスクラムではスクラムメンバーとなる。それぞれのスクラムでは同じ空間を共有したうえで議論を行い、ＫＰＩとなる行動が決定される。つまり、多層的なスクラムを通じた集団的な議論によって集合知を創造し、実際に行動することを徹底しているのである。

またユニ・チャームは、アメリカ空軍によって開発されたOODA-Loopを取り入れている。メンバーは、現状観察（Observation）によって素早く変化を察知しながら、適切な状況判断（Orientation）と意思決定（Decision）を行い、即行動（Action）に移すという一連の流れを、ループを描くように繰り返し実践する。こうしたループを繰り返すなかで、仕事のやり方そのものを常に見直し、抜本的な変革を継続していく。

ユニ・チャームは、全社を挙げてOODA-Loopに取り組むことを通じて、環境変化に対応した「いま・ここ」での状況判断と意思決定を自律的に行うことができるような組織をめざしている。

ユニ・チャーム社内には、全世界を合わせると１３００のスクラムが存在する。こうしたスクラムごとに、ＯＧＩＳＭ（Ａ）表とOODA-Loopメソッドを活用し、日々、知識創造に取り組んでいる。世界各国に分散した各スクラムにおいて「いま・ここ」での意思決定を行うことで、いわば知のローカル化を進めているのである。一方、開発やマーケティングなどの機能に関しては、グローバルでスクラムが組まれることもある。こうした機能別のスクラム単位で行われるOODA-Loopによって、特定の地域で有効性が確認されたマーケティング手法や開発成果が、今度は他の地域にも展開されていく。

さらに、ユニ・チャームでは２０１４年から戦略担当秘書制度を導入している。このプログラムでは、入社10年前後の中堅社員を対象としており、2カ月間、社長の全ての執務に同行し、海外出張にも同行する。任期中は、社長の立ち居振る舞いや行動、思考や行動を身近で学ぶ。戦略担当秘書は、毎日、レポートを提出する必要があり、高原の考え方などについて誤解した記述があれば、訂正される。戦略担当秘書制度を通じて、経営トップと社員の距離を縮め、トップの思いがミドルに伝わる仕組みを構築している。

ユニ・チャームは、様々な仕組みによって創られた集合知にもとづいて社員が実践することで、ローカルとグローバルを二項動態して経営することに成功している。


ダイキン、バンダイナムコ、アイリスオーヤマ、ユニ・チャームの事例で見てきたように、二項動態経営は組織を自己変革に向かわせる。二項動態するレベルや次元は、業態、事業、製品・サービス、地域、仕事のプロセス、行動様式、そして「いま・ここ」で起こる現象や事象までさまざまだ。「生き方」としての経営の実践において直面するすべての矛盾やジレンマが対象になるのである。

第 1 章

二項動態経営と組織的知識創造

Dynamic Duality

第1章では、野中が長年発展させてきた組織的知識創造理論をレビューするとともに、組織の自己変革を促進する二項動態経営との関係性について考察し、変革の原理としての二項動態の定義を説明する。さらに、二項動態を理論的に支える哲学思想について紹介し、最後に動態経営論の潮流と二項動態との共通点、相違点について議論を展開していく。

1―組織的知識創造と二項動態

経営が人間による営みである以上、「人間とはどんな存在なのか」という人間観が問われる。ところが、企業のなかには、いまなお、「入力→処理→出力」という機械的な情報処理パラダイムに縛られている組織も多い。しかし、当然ながら人間も、その集合体である組織も機械ではない。

野中は、ハーバート・サイモンの情報処理モデルのように、組織を問題解決のシステムとして捉える組織観からの脱却を図り、１９８０年代後半、組織的知識創造理論を構築した。

情報処理モデルは、環境の不確実性に伴う情報処理の負荷をいかに効率的かつ迅速に「処理」し、解決するかという受動的なプロセスであり、環境変化は所与で静的なものであり、「適応」することを命題にしていた。また、サイモンは、経済学の主流派である新古典派経済学が前提にしていた「合理的な経済人（ホモ・エコノミクス）」に異論を唱え、人間の情報処理能力には限界があると主張した。しかしながら、科学の対象にならないとして、一切の価値前提を認めなかった。

1960年代に米国経営学に登場したコンティンジェンシー理論は、「組織の有効性は、環境特性に依存し、環境の生みだす情報処理・意思決定の負荷に対して最大の効果を発揮する最小の情報処理システムを構築することにより最もよく環境に適応できる」とした。ところが、このコンティンジェンシー理論もまた、受動的な適応論であった。

しかし、組織はむしろ主体的に環境に働きかけているのであり、そのプロセスを通じて、新たな知識を連鎖的にダイナミックに「創造」するイノベーションを生成しているのである。その原理を説明したのが、組織的知識創造理論である。

組織的知識創造理論の根底には、「人間とは無限の可能性を持ち、未来に向かって、他者との相互作用を通じて新たな価値を創造する動的主体である」という人間観がある。組織的知識創造理論は、個人一人ひとりの無意識も含めた潜在能力である暗黙知を最大限に活かし、他者と相互作用して、社会的・組織的に共有できる新たな集合知創造を行う、という考え方に立脚している。経営は集合的な「生き方（a way of life）」が投影されるのであり、組織的知識創造（イノベーション）は、その生き方の表現プロセスそのものなのである。

連続体としての暗黙知と形式知

組織的知識創造理論は、経営学や経営の現場に知識という概念をもたらした。では、そもそも知識とは何か。知の探求は哲学に起源があり、ギリシャ哲学以来、「知とは何か」を探究してきた。認識論（エピステモロジー）では、「知識とは、正当化された真なる信念（justified true belief）」である。組織的知識創造理論では、「知識とは、他者や環境との相互作用を通じて、個人の思いや信念を、未来の共通善に向かって正当化し、集合的に新たな意味や価値を創造する、ダイナミックな社会的プロセス」と定義している。

プラトン以来のイデア論的思想の流れをくみ、「我思う、ゆえに我あり」で有名なデカルトに代表される合理主義は、人間の理性に絶対の真理を置き、「ア・プリオリ（演繹的）な知識」を基盤においた超越論的な考察から演繹的に知識が獲得されるとした。

一方、ロックやヒュームは、これ以上さかのぼることのできない原初的経験が、観念の基礎となるという経験主義を主張した。カントは、認識は理性と経験が共同してつくるという立場だが、経験を超えた認識の根拠を理性に求めた点において観念論者である。

上記の議論はあくまで、言語化された客観的な知識の追究におけるものである。しかし、物理化学者から哲学者に転身したマイケル・ポランニーは、「私たちは言葉にできるより多くのことを知ることができる」[*1]と述べ、暗黙知という概念を明示した。知識は言語化・体系化されたものばかりではない、という当たり前のことであるが、それまで哲学界では無視されてきた。

ポランニーによると、われわれ人間は、ある人の顔を他の人と区別できる、その人の気分を察知することもできる。しかし、それがどうしてかをすべて語ることは難しい。顔のパーツ、表情など部分の特徴をすべて明示することはできなくても、部分を綜合して顔全体の特徴を知り、そ

図1－1　暗黙知と形式知

暗黙知 (tacit knowledge)	形式知 (explicit knowledge)
●現時点（いま・ここ）の知識、現場の文脈において動く知	●過去の知識、時空間を超えて移転や再利用ができる知識
●身体的な勘どころ、コツと結びついた技能	●明示的な方法・手順、マニュアル
●主観的・人格的	●客観的・社会（組織）的
●感性的・情念的・アート的	●理性的・論理的・科学的
●アナログ知	●デジタル知

（出所）筆者作成

の顔が誰かを知ることができるのである。[*2]

では、すべての知の源泉である暗黙知とは何か。もとより科学者であったポランニーがなぜ、暗黙知に光を当てたのだろうか。ポランニー自身が、『暗黙知の次元』でこう明らかにしている。[*3]「生ける存在としての私たち自身のもっとも際だった特徴は、感覚を持っていること（sentience）なのだ。物理学と化学の規則は、感覚性の概念を含まず、したがって、そうした規則に完全に制御されているいかなる系（システム）も、感覚を持たないということだ」

ポランニーによれば、知識とは主体が対象を外から分析することから生まれるのではなく、全人的なコミットメント、自己投入から生まれる。暗黙的に

＊1　マイケル・ポランニー（2003）『暗黙知の次元』（高橋勇夫訳）ちくま学芸文庫、18頁。
＊2　ポランニー（2003）。
＊3　ポランニー（2003）。

図1－2　氷山モデル

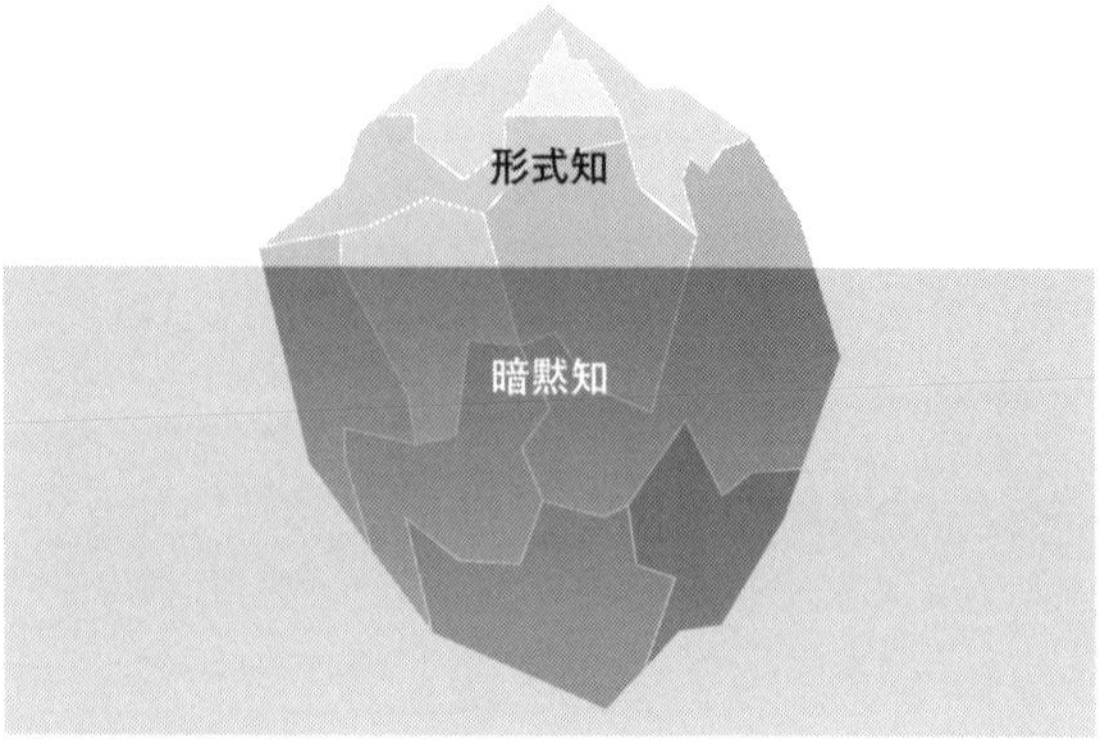

（出所）筆者作成

知ることとは、部分や細目や手がかりを暗黙的に統合して全体のパターンや意味を認識することだ。ある物事を暗黙知の近接項とする場合、自身の身体に統合したり、あるいは身体を拡張したりして、その物事の奥深くに潜入するが、それをポランニーは「棲みこみ（indwelling）」と呼んだ。だからこそ、心と身体、理性と経験、主体と客体、知るものと知られるものという伝統的な二分法は意味をなさなくなる。

暗黙知こそが、自らの経験を能動的に転換した形式知を支える、語りえない部分である。そして、形式知に意味を与える。図1－1に示したように、暗黙知とは「いま・ここ」の文脈において動く知であり、主観的であり、身体的でアナログ的であり、感性的でアート的だ。言葉で表現できないような勘とかコツとかも含まれる。一方の形式知は、時空間を超えて移転できる知識であり、明示的で、客観的で、論理的・科学的なデジタル知である。

重要なのは、暗黙知と形式知を関係性で把握することである。その関係性は、海上に浮かぶ氷山でたとえられる（図1―2）。水面下の暗黙知と水面上の形式知は、独立して存在しているのではなく、連続体でグラデーションのようにつながっている。そして、水面下で見えない暗黙知の質量の豊かさが、顕在化している形式知の質量を決める。起点となる暗黙知を豊かにしない限り、水面上の見えている形式知はどんどん崩れて溶けていってしまう。

組織的知識創造理論は、いままで議論の俎上に載せていなかった、知の源泉としての暗黙知に光を当てた。さらに、新たな価値創造としてのイノベーション（単なる技術革新ではない）が「暗黙知」と「形式知」の相互変換によるものであることを説明した。[*4] これまで形式知レベルでしか語られてこなかった経営学において、暗黙知という認識論の概念を新たに取り入れ、なおかつ、暗黙知と形式知の関係性をモデル化したことは画期的であった。

音速の単位の由来を発見したオーストリアの物理学者であり、哲学者でもあったエルンスト・マッハが描いた「マッハの自画像」がある。[*5] マッハは、科学の基礎は経験であり、感覚である、

＊4　野中郁次郎（1990）『知識創造の経営――日本企業のエピステモロジー』日本経済新聞出版、野中郁次郎・竹内弘高（1996）『知識創造企業』（梅本勝博訳）東洋経済新報社。

＊5　エルンスト・マッハ（1971）『感覚の分析』（須藤吾之助・廣松渉訳）法政大学出版局、16頁。

と主張した。古代ギリシャの哲学者プラトンは、イデア（理想）は洞窟の外にあり、われわれは日に背中を向けて洞窟のなかにつながれており、事象の影を眺めているだけであると述べた。マッハは、この「洞窟の比喩」をはじめとした仮象と現実を対立させて描く形而上学的世界観を痛烈に批判した。感覚が、思想上の記号に追いやられていることに強い危機感を持ったのである。

イラストには、安楽椅子に横たわって右目を閉じたマッハ自身の左目から見える視界が描かれている。自身の口髭、投げ出した足、視線の先には窓があり、そこには遠景が広がっている。それは、マッハ自身の根源的な直接経験における「いま・ここ・私だけ」の「感じ」や意味がそこにある。

われわれは皆、動いている現実の只中で、各々が生き生きした日常を「いま・ここ・私だけ」の個別具体で意味づけしながら生きている。その質感（クオリア）はアートであり、決して数値に変換することはできない。

他方、科学的に分析できる知覚のプロセスでは、モノから反射した光が目に入り、感覚器官である目で処理され、神経を通して脳に電気信号が伝わる、いわば情報処理プロセスである。このプロセスは、科学的に説明され、数値やデータで表現することのできる量の世界である。

「いま・ここ・私だけ」の主観的な意味や価値を、「いつでも・どこでも・誰でも」共有できるような客観に転換するのが、科学である。いきなりビッグデータを集めてAIで解析しても、新しい価値は創造できない。意味、質を問わなければイノベーションは生まれないからである。データの背後にある意味や価値、またどのような目的でデータを使いこなすのか、という人間のアートの力に立脚することを忘れてはいけない。「考える前に感じる」。その順番は逆ではない。それは、経営の世界でも同様である。

組織的イノベーションモデルとしてのSECIモデル

暗黙知と形式知の相互変換プロセスをモデル化したSECIモデルは、新しい意味や価値の集合的な創造、つまり、組織的イノベーションプロセスを原理として説明した動態モデルだ。

SECIモデルは、個人レベルの知の創造について説明するものではない。すべての知の源泉となる暗黙知を集合的な知恵に転換していくプロセスを、個人、集団（チーム）、組織、社会、環境という存在論レベルで明らかにしている。また、共感を媒介に質を問うことを起点として、量との相互変換を行うことが、組織的イノベーションの原理であることを説明している。

個人に眠る暗黙知を源泉として、個人と個人が暗黙知を共有し、共感し合い、集団レベルで暗黙知を形式知に転換し、さらに組織レベルで形式知を自在に組み合わせて、社会的・組織的に共有できる集合知をつくる。そしてその集合知の実践を通じて次の知識創造の源泉となる暗黙知を豊かにしていくことを繰り返す、集合知創造・実践の無限スパイラル・モデルである（図1－3）。

SECIモデルの最初の起点となるのは、共同化（Socialization）という暗黙知を獲得・共有するフェーズである。現実の只中の直接経験を通じて、人、モノ、環境に共感し、暗黙知を獲得・共

図1－3　SECIモデル：組織的知識創造プロセスの一般原理

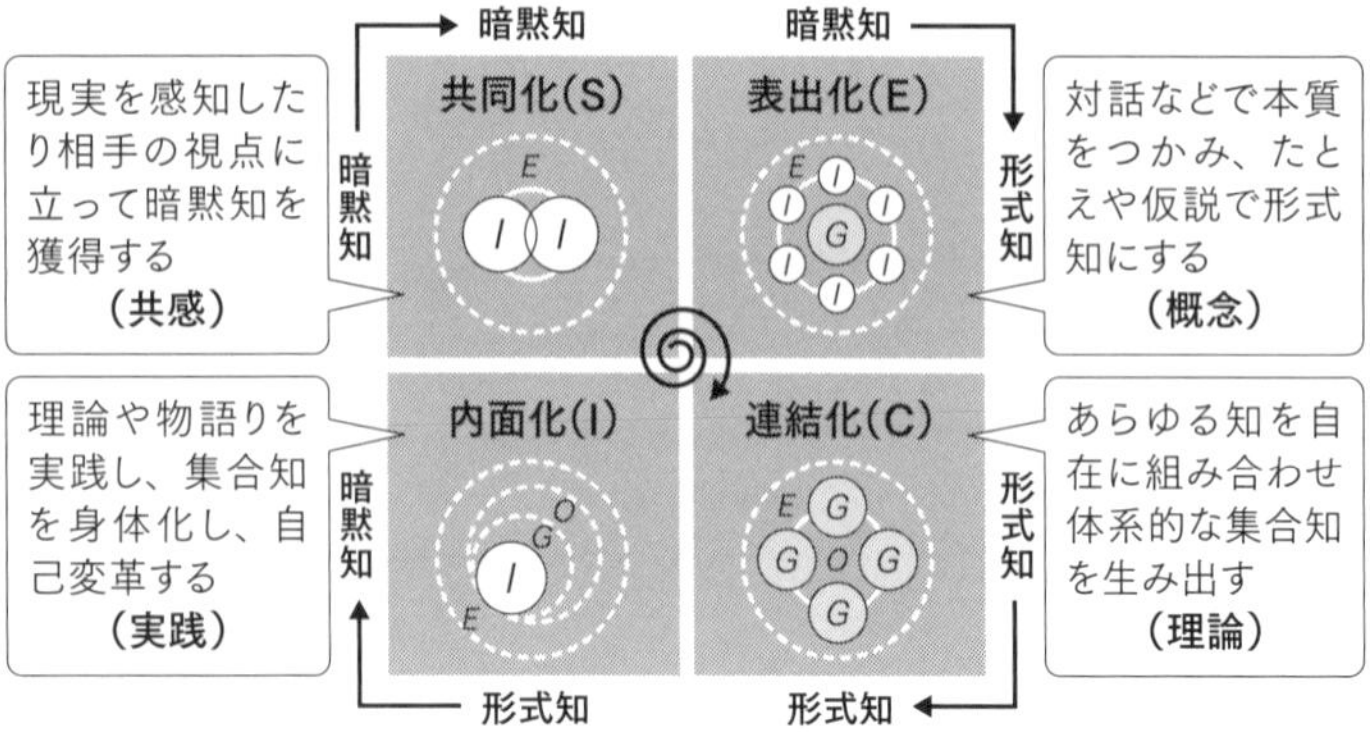

I＝個人（Individual）G＝集団（Group）O＝組織（Organization）E＝環境（Environment）

（出所）筆者作成

有する。次のフェーズは、暗黙知を形式知に変換する表出化（Externalization）だ。対話などを通じて、他者と相互作用し、共同化で得た暗黙知の本質を概念（コンセプト）に変換する。

その次のフェーズは、あらゆる形式知を自在に組み合わせて集合知（理論、戦略、モデル、「物語り」など）を生み出す連結化（Combination）である。さらに、形式知となった理論や戦略を実践することを通じて身体化し、暗黙知を豊かにしていくフェーズが内面化（Internalization）である。

①共同化：組織的知識創造の起点。直接経験における暗黙知の獲得や共有を行う

②表出化：共感を通じて直観した本質を洞察し、他者との対話を通じて、その意味や価値を錬磨して概念としての形式知へと転換する

③連結化：組織内外のあらゆる知を総動員して

自在に組み合わせて集合知を創造する

④内面化：集合知となった戦略やモデルを、実践を通じた試行錯誤によって個人に身体化し、暗黙知が個人、集団、組織、社会のレベルで豊かになり、次の共同化を駆動する源泉となる

これら4つのフェーズが、スパイラルに無限に連続していくことによって、集合的な知識創造が行われる。ただし、直線的に一方向で前進するだけでなく、あるフェーズが反復されたり、また前のフェーズに戻ったりすることもある。

序章の事例で紹介したアイリスオーヤマの大山会長によれば、同社では最初にA（Action）があり、次にP（Plan）が来るという。[*6] まず、行動し、そのなかから計画を生み出していく。プレゼン会議はAP会議とも呼ばれる。アイリスの商品開発プロセスはまさにSECIモデルそのものだ。アイデアミーティングでメンバーたちが、自ら生活者の代弁者として、暗黙的な不満や不便を浮かび上がらせる（共同化〜表出化）。さらにすぐに手を動かし、試作する（表出化）。それをプレゼン会議にかけ、経営サイドから見ても生活者が「なるほど！　これなら買おう」と感じるような、

＊6　「成功の本質　第107回　極細軽量スティッククリーナー／アイリスオーヤマ」『Works』2020年4月10日（https://www.works-i.com/works/series/seikou/detail030.html）。

これまでにない付加価値が見出せたら（連結化）、即、計画に移る（内面化）。集合的なイノベーションの起点となる共同化の重要性を認識していることがうかがえる。

別の事例も紹介しよう。ヤマハ発動機の生産技術本部では、２０１８年、「現場の可視化が不十分だから、ＱＤＣの管理効率が悪い」[*7]という課題認識のもと、デジタル・トランスフォーメーション（ＤＸ）の取り組みが始まった。当初、外部のコンサルタントからの提案どおり、「現場の見える化」をするクラウドシステムをつくったが、現場からは「見える化したものを誰がどうするのか」という反発を受けるほどそのシステムは使える代物ではなかった。次にデータサイエンティストに突発的に起こる不良原因の分析を依頼したが、現場ではコントロール不可能な意味のない因子が示されただけであった。外注しても、あるいは豊富な事例を持つ社外から手段を買っても、お金も時間もかかったわりに的外れな施策ばかりで何も変わらなかった。

ＤＸそのものが目的化してしまい、現場が疲弊してしまっているという企業は多いが、ヤマハ発動機もまさにその状況に陥ったのである。生産技術本部長の茨木康充は当時を振り返って「現場にほうりこまれて油まみれになって現場の人たちと仕事してきたことを思い起こせば、三人称しか存在しない〝世に蔓延するＤＸ〟からは知識は生まれないのは当然だ、ということに気がつきました。現場の見える化や帳簿類の電子化だけでは、管理項目は増え、何かあってはいけないと保険のための操業時間も増え、経費も在庫も増えていき、現場のモチベーションは下がる、というう負のサイクルが加速するだけです」と語る。[*8]

現場には豊かな暗黙知の蓄積がある。ところが、現場のメンバーが不良の原因について何かひらめいて提案しても多くの事前効果検証の宿題が帰ってくる。不良や故障原因に自信が持てずに対策会議が長くなり、結局、経験の長い人や声の大きい人の意見に落ち着く。現場の暗黙知がなかなか活かされない状況があることに、現場のメンバーとともに油まみれになって働いた経験のある茨木は気がついたのである。

2019年、茨木は行動した。現場メンバーのひらめきや直観などの暗黙知を彼らが自ら形式知にして、その場でその形式知が意味することを議論し、仮説をともに生成する。そして、その仮説をすぐに実行し、検証するというサイクルを楽しむ現場づくりに取り組み始めたのである。

そのための手段としてデジタルを活用し、1個単位で製造条件と結果をつなげ、搬送や検査などの作業の自働化を行い、データを収集した。データの意味づけを行うのは、現場の人間だ。過去からの直接経験なしに、データが示す相関に意味や因果を見出すことなどできるわけがない。現場の経験豊かな人間がデジタルを使いこなせるように教育した。さらに、自働化や状態監視のためのDX技術自体の開発を、外注することも社内のIT部門に頼むこともせず、生産技術本部

＊7　QDC＝Quality（品質）・Delivery（納期）・Cost（コスト）
＊8　野中郁次郎・川田弓子による茨木康充氏へのインタビュー、2023年8月29日。

内で内製することにした。現場メンバーをサイエンティストにする「現場サイエンティスト」の誕生だった。

現場サイエンティスト同士は、現場ですぐに徹底的なワイガヤを行い、因果仮説をともに生成することができる。現場の文脈に即した話し合いの結果は、参加した皆が納得するものであり、すぐにアクションに移れる。納得した仮説の検証はわくわくするのでモチベーションは上がる。真因解明につながり、増える一方だった管理項目は減り、残業も減り、コストも在庫も減るという明確な成果となって表れていった。活動によって不良が半年で90％削減される事例もあり、自信を深めていった。

現場サイエンティストは現場経験が5年以上あり、豊かな暗黙知を獲得、蓄積、共有している（共同化）。彼らは、デジタル技術やＡＩによって得られた詳細データの分析が示す相関を意味づけていく。自分たちの暗黙知を言語化していき、さらに因果を説明する仮説を徹底的な対話で生成する（表出化）。現場での仮説生成は、さらなる集合知の創造へと現場を駆り立てる（連結化）。50代で現場サイエンティストに転身したメンバーは、もともと組立経験豊富であったが、ものづくり好きが高じて新たなプログラム開発を行い、庶務だったメンバーは、その経験を活かし、製造情報電子化を自前で開発したりしている。

現場では、仮説の実証にトライし、すぐに結果をデータで確認し、現場にフィードバックすることで、現場の暗黙知はさらに豊かになっていく（内面化）。同時に、この形式知化された知識創造・実践の仕組みは、取引先やサプライヤーにもオープンにし、共有（連結化）しているので、取引先やサプライヤーでも新しいＳＥＣＩプロセスが回り始める。このＳＥＣＩプロセスは、同時多発的に現場で起こっているサイクルであり、無限に回り続けている。

ＳＥＣＩスパイラルは二項動態プロセスである

暗黙知と形式知はダイナミックに相互浸透し、相互作用することで、新たな意味や価値を持つ集合知が創造される。暗黙知と形式知の関係性も、二者択一の「あれかこれか」ではなく、「あれもこれも」を徹底追求する二項動態プロセスである。

新結合とは、ジョセフ・シュンペーターの言葉であり、知と別の知の組み合わせが新しい知となることを示している。二項という異質なものを新結合して綜合することは、画期的な価値や意味を創出しうる。しかも、近視眼的に認知できている目前の近しいものを組み合わせるのではなく、相反するように見える二項の両極端の異質性、共通性にとことん向き合い、暗黙知を含めたあらゆる知を自在に組み合わせ、集合知を創造するのである。これはＳＥＣＩモデルそのものである。暗黙知と形式知の相互変換によるイノベーションを説明する知識創造理論は、「二項動態」としてのダイナミックプロセスについて示唆してきた歴史がある。

野中は、研究初期から二項動態につながる考えを提唱してきた。たとえば、『経営管理』の最終章で、好業績を上げる現場では一見権威主義的なマネジャーが、職場外の場での交流を通じて、部下との情報交換を行い、実質的に意思決定に参画させていることに触れ、これを独断専行に陥らないための「状況の客観化」と評し、機械的組織と有機的組織が共存していると述べた。[*9]『知識創造の経営』では、さらに「客観的知識と主観的知識の生成・獲得につながる認識様式は、果たして相対立する二分法的なものなのだろうか。実際には直観（綜合）と理性（分析）は、相互作用しながら、人間の知識を創造していくと考えるほうが妥当であろう」と語っている。[*10]

１９９６年に日本語版を刊行した『知識創造企業』では、西洋には二項対立（dichotomy）で物事を見る思考癖があり、それは17世紀を生きた哲学者ルネ・デカルトの二元論あるいは分割にさかのぼり、AがBに対置され、「A vs. B」モデルになることを示した。「主観 vs. 客観」「精神 vs. 身体」「合理主義 vs. 経験主義」「科学的管理法 vs. 人間関係論」などをめぐる論争は、この知的伝統を反映していると述べている。[*11]

ＳＥＣＩモデルの起点は暗黙知を共有する共同化であるが、共同化で獲得・蓄積される暗黙知がそもそも豊かでなければ、その暗黙知から表出化され、変換される形式知が豊かになることはない。つまり、共同化における直接経験の質量の充実が、その後の知識創造プロセスの質を決めるといっても過言ではない。さらに、表出化、連結化を経て創造される集合知が充実していなければ、内面化が実践されても、そこで蓄積され高められる暗黙知には限界がある。

１９９０年代、知識経営のブームが来たとき、企業はこぞってＩＴ投資を行い、情報を効率的に共有、蓄積、管理する「ナレッジマネジメント」に、熱心に取り組んだ。それは、形式知である情報の体系化や共有のマネジメントにすぎなかった。SECIモデルでいえば、起点となる「共同化」「表出化」を飛ばして、いきなり形式知を集合知に変換する「連結化」からスタートしたようなものである。既存の形式知を集めて、共有して、編集することにももちろん意味はある。しかし、新たな知識の創造、イノベーションの原動力に寄与するものではなかったのだ。これは、先述したヤマハ発動機のDXの事例で触れたとおりである。

暗黙知を豊かにするのは、あくまで身体性を伴う直接経験だ。「いま・ここ・私だけ」で経験する主観的な質感が、「いつでも・どこでも・誰でも」という、言語や量で表せる客観的な知の源泉だ。その順番は逆ではない。

世界で初めて、知識創造理論を経営実践に導入したエーザイは、全世界の社員が就労時間の1%（年間2・5日間）を患者とともに過ごすことを奨励している。CEOの内藤晴夫は、「『共同化』と呼ぶ活動を長年続けてきた。アルツハイマーの患者様やご家族によって語られない憂慮を、時間を共に過ごすことで体験し、実践につなげている」と語る。[*12] 共同化における身体性を伴う直

*9　野中郁次郎（1979）『経営管理』日経文庫。
*10　野中（1990）。
*11　野中・竹内（1996）。

接経験によって、外から知ることもできなかった患者とその家族の喜怒哀楽《きどあいらく》という暗黙知が身体に染みこんでいき、それが、ＳＥＣＩスパイラルを起動する契機となる。共同化における高質の暗黙知獲得が集合的な実践知創造プロセスの質を高めているのである。

さらに、暗黙知と形式知の相互変換スパイラルは、単に一回転して戻ってくる円環運動ではない。暗黙知と形式知は、４つのフェーズを経て変容（transformation）していく。したがって、そのプロセスは螺旋状に動く[*13]。しかも、いつも上昇方向とは限らず、スパイラルダウンすることもあれば、うまく次のフェーズに進めず停滞することもありうる[*14]。

たとえば、暗黙的な慣習や前例のみを優先し、暗黙知の本質を形式知化することを怠れば、集合的・組織的な知は生まれない。一方で徹底的に既存の形式知のみを組み合わせることに注力すると、組織に眠る暗黙的なブレークスルーの芽は埋もれたままになる。

ＳＥＣＩスパイラルをいかに機動的に回してスパイラルアップできるかが、現状に安住せず、「日々新たに」自らを変革・超越していけるかを決定づける。ＳＥＣＩスパイラルの方向を規定するのは、矢印が向かっていく共通善にある。ＳＥＣＩスパイラルの起点は先述したように、共感（相互主観）である。さらにＳＥＣＩプロセスのフェーズごとの活動を豊かに充実させるとともに、フェーズからフェーズへの転換を促進するのはリーダーシップである。このリーダーシップについては後述する。

われわれは、物事や問題を二項対立として捉えるのではなく、二項動態として捉える。そのなかで双方を両立させ、価値創造を追求する。先述したように「あれかこれか」ではなく「あれもこれも」である。対立項を切り捨てるトレードオフや二項の単純な平均や妥協からは、新たな意味や価値は生まれてこない。両極端で相反するように見える二項は、相互補完的であり、暗黙的にはグラデーションで地続きにつながっている。

二項の矛盾から生まれる葛藤、衝突、緊張から逃げずに、両極端の異質性・共通性に互いの暗黙知も含めて真剣に向き合うことで、動く現実のなかで新たな意味や価値をダイナミックに共創し、自己変革・自己超越を達成できる。それは、SECIプロセスの本質そのものなのである。

AIには困難な集合「実践知」創造

知識とは、意味や価値であり、質を問うものである。知とは関係性のなかでつくられる。他者、モノ、環境すべてとのダイナミックな相互作用プロセスから生まれ、その時々の文脈のなかで意

＊12 『日本経済新聞』2021年12月9日付朝刊。
＊13 野中郁次郎・竹内弘高（2020）『ワイズカンパニー——知識創造から知識実践への新しいモデル』（黒輪篤嗣訳）東洋経済新報社。
＊14 野中ほか（2022）119頁。

味づけられ、豊かになっていく。さらに、このプロセスはスパイラルアップして繰り返され、知識は個人に身体化されるとともに、組織のなかで「クリエイティブ・ルーティン（創造的な型）」となり、共有された知恵になる。

われわれは、このプロセスを支援するのが、デジタルツールも含めたさまざまな経営手法だと考えている。知識を社会的に「いつでも・どこでも・誰でも」活用するために、ＩＴやデジタルは非常に役立つ。しかし、起点となる共同化を、デジタルで完全に置き換えることはできないだろう。

マサチューセッツ工科大学（ＭＩＴ）が専門のラボをつくって「集合的知性（Collective Intelligence）」を研究している。しかし、あくまで形式知であり、暗黙知は含まれていないようだ。ＳＥＣＩスパイラルにおいても、デジタルやＡＩが支援できるフェーズもあるが、起点となる共同化（共感）は代替できないし、暗黙知を形式知に変換する表出化（概念の生成）も、実践や試行錯誤や反省を行う内面化も、ＡＩによるサポートはできるが、代替は非常に難しい（図１－４）。

組織的イノベーションを説明するＳＥＣＩモデルの起点となっている共同化において、身体性は大きな意味を持っている。人間が生まれながらにして、身体性をともなって共感し、本質を直観し、意味を生成する能力を有していることが、脳科学の研究からも明らかになっている。ミラーニューロンやシェアード・サーキットの発見は、他者の行動や感情への共感能力を立証した。ミラーニューロンは、１９９０年代のはじめにイタリアのパルマ大学のジャコモ・リゾラッティ

図1－4　デジタルとSECIモデル

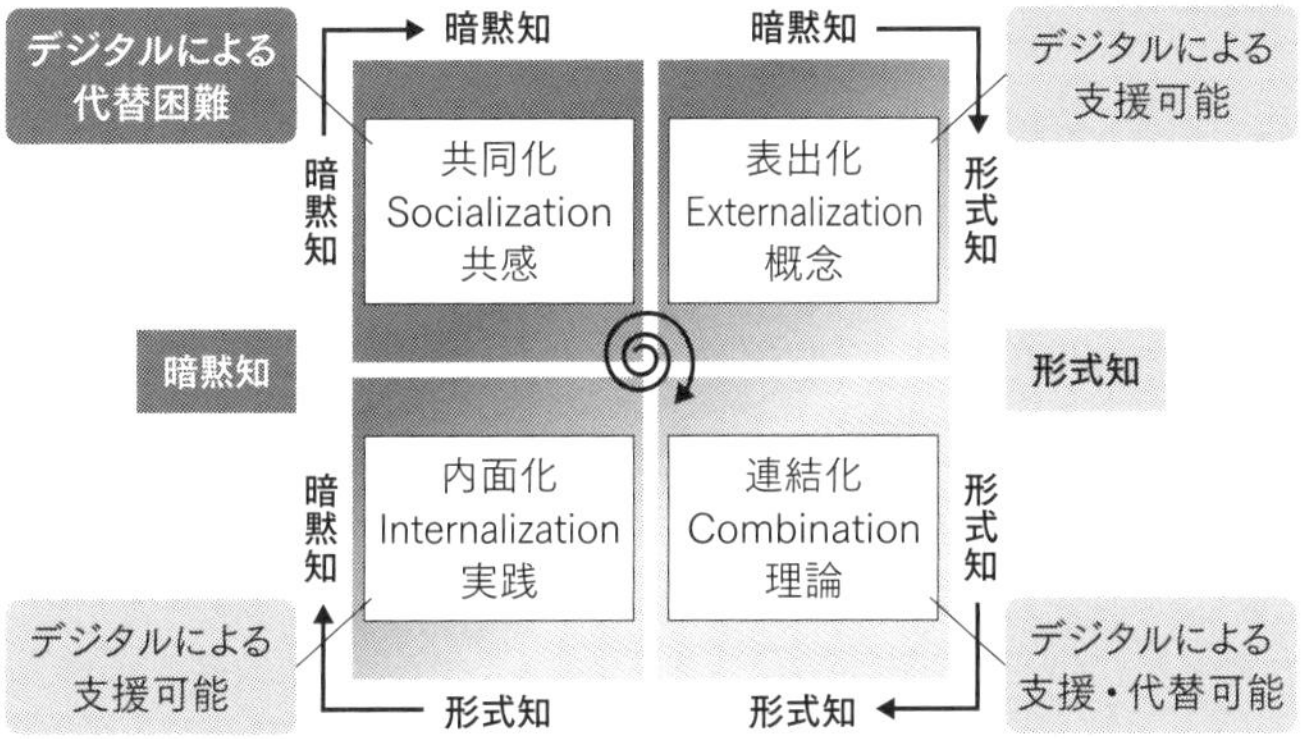

（出所）筆者作成

らの研究チームが発見した「まわりにいる他者の行動をまるでその他者が自分の一部になったかのように『再現する』」特別な脳細胞である。[*15]この発見は、脳をコンピューターに見立てる流れを大きく変えた。

さらに、ミラーニューロンの働きが運動システムだけでなく、感情システムや触覚システムでも成立していることが2000年代に入ると発表され、「シェアード・サーキット」と命名された。シェアード・サーキットを発見したオランダの神経学者クリスチャン・キーザーズは「人間は、（中略）他者の気持ちを感じることができる脳を持って生まれてくるのです。人間の脳は、周囲の人々に共鳴するよう

＊15　クリスチャン・キーザーズ（2016）『共感脳　ミラーニューロンの発見と人間本性理解の転換』（立木教夫・望月文明訳）麗澤大学出版会、13頁。

にセットアップされています」と語っている。[*16]

人間は、ＡＩやロボットを擬人化し、感情移入してしまうことがある。それは「イライザ効果」と呼ばれる。対話型ＡＩの登場でより自然な応答ができるようになったため、ＡＩに人格を持たせ、強い親しみや愛着を感じてしまう効果のことである。これは、人間が想像力を発揮して、そのような世界を創り出しているのだが、一方でＡＩへの過度な依存を深め、現実世界から逃避してしまうリスクもあることを忘れてはいけない。

ＡＩには、共感を通じて現実の背後にある意味や本質を洞察したり、無意識を含めたあらゆる知を自在に組み合わせて新たな意味を創造することはできない。フランシスコ・ヴァレラが、「Embodied mind（身体化された心）」と呼んだように、暗黙知を含めた集合的知識・集合的知恵にまで昇華させるためには、人間の身体性にひもづく共感がやはり重要だ。

伝統的な心身二元論の考え方とは異なり、心は、脳と脳以外の身体、意識と無意識の相互作用のプロセス全体なのである。簡単にいえば、生きている世界において受け取る情報のすべては、身体を通じてしか脳に入ってこない。

別々に捉えられてきた身体感覚（聴覚と視覚、触覚など）がブレンドして、直接経験からより多くの意味を引き出していることもわかってきている。[*17] ＡＩなどの機械は、われわれ人間が内在的に持っている「生きている感覚」を持たないため、表面上は似たような行動をしていても究極のディープフェイクである。[*18]

昔から論じられているトロッコ問題という究極の二択問題は、もっと深刻かもしれない。車を運転していて、突然5人が飛び出してくるが、ブレーキは間に合わず、右側の反対車線は渋滞の車列があって進路を変えることはできない。そして、左の歩道には歩行者が1人いる。直進すれば5人にぶつかり、左にハンドルを切れば、1人をひいてしまう。

昔は、線路を走るトロッコの思考実験であったが、最近、自動運転車が増えてくるなかで、この問題が再び話題となっている。自動運転車は、あらゆるパターンを想定し、あらかじめプログラミングしておくので、トロッコ問題に直面した場合の対応も、実は人間が事前に決めておく必要がある。究極には、信号無視をした5人と、歩道を歩いている1人のいずれを犠牲にするか、決めておかねばならないことになる。つまり、究極の選択を迫るパラドックスにおいて、命の選別をあらかじめしておく、ということになりかねない。

しかも、これから起こりうるすべてのパターンを予測することは難しい。ドイツでは、不測の事態は一般化が難しいため、トロッコ問題など事故が不可避の状況に対して事前のプログラミングをすべきではない、という自動運転についての倫理指針が出された。[*19] すべての事象は、個別具

*16 キーザーズ（2016）63頁。
*17 L・D・ローゼンブラム（2013）「助け合う知覚」『日経サイエンス』2023年4月号、72－76頁。
*18 C・コッホ（2020）「機械は意識を持ちうるか」『日経サイエンス』2023年3月号、62－66頁。

体の一回性という性質があり、二度と同じ状況は起こらないからである。交通事故の大半はヒューマンエラーが原因だからといって、単純にＡＩによる自動化がいいというわけではないのだ。

現在のＡＩには、認知の限界があり、意味を自ら創造することができない。ＡＩには、現実に起こりうる問題のすべてには対処できず、認識枠の範囲内でしか対処できない。ディープラーニングは潜在的なパターンをあぶり出すことは得意だが、その前提となる認識枠はあくまで人間が決定づけている。フレーム問題とは、ＡＩの認識枠の限界のことである。あらゆる状況の認識や判断を、最初からＡＩにプログラミングすることはできない。しかし、プログラミングされたパターン認識でしかＡＩは思考できない。だから、ＡＩは想定外の状況に直面した際、人間が動く現実の流れのなかで自然に行っている創造的な「跳ぶ発想」ができない。[*20] それは、生成ＡＩも同様ではないだろうか。

ＡＩには難しい二項対立に見える問題も、実は、人間が文脈も含めて虚心坦懐に洞察すれば、解決の糸口が見つかる。とっさの判断ができるかは、プログラミングで導かれた答えではなく、そのときの空気感や肌感覚に左右される。動く現実において、身体記憶などあらゆる知を総動員して、目の前の現実を意味づけ、理想に向かって矛盾を超える解決策を見出すのである。このセレンディピティをつかむ力は、まさに人間ならではの二項動態の能力だ。

脳科学において「クオリア」と呼ばれる人間が生まれながらにして持っている「いま・ここ・私だけ」の生き生きとした感覚の質感もＡＩ自身は得ることはできない。このような豊かな五感、身体知、無意識の知は、人間の創造性の源でもある野性に宿っているものである。

2 二項動態の定義：変革（Transformation）の原理

本書の冒頭で、二項動態経営の本質が自己変革（self-transformation）にあることを述べた。自己組織化（self-organization）とは、自ら創発的に秩序をつくり出す、あるいは構造を変えていくプロセスのことである。現状への安住や固定化の作用に抗って変革に向かうために、動く現実の流れのなかで、矛盾やジレンマがもたらす不安定さやカオスを内部に取り込み、新たな意味や価値へと能動的に変換させ、過去の自己を超越していくことが自己変革である。

以下、変革の原理としての二項動態について詳述していきたい。

＊19　２０１７年、ドイツで公表された「自動運転車及びコネクテッドカーに関する倫理指針」。

＊20　記号で指し示されるものをＡＩがどのように認識するかという「シンボルグラウンディング問題」も議論されている。たとえば、人間は「リンゴ」といえば、果物のリンゴの概念（赤い、甘い、食感など）を想起できるが、ＡＩにとって「リンゴ」は片仮名三文字の記号にすぎないために、「リンゴ」という記号から果物のリンゴが意味することすべてを想起できない。記号（シンボル）が現実世界に接地（グラウンディング）されることなしには、記号処理は意味をなさないのだ。その原理は、最近、注目を浴びる生成ＡＩも同じだ。

二項動態は、矛盾を超える

私たちは日々、矛盾し相反する事柄に直面し、それぞれの場面で選択を迫られる。けれども、実のところ、選択を迫られた際、安易に妥協して選びやすいものを選んだりしてはいないだろうか。あるいはそれぞれの選択肢の意味するところを十分に吟味せずに思考停止したりしていないだろうか。もしくは、意思決定や行動を先延ばしにするなど、傍観者になって問題を放置したりしていないだろうか。

では、どうしたらよいのか。やはり「二項動態」的思考と実践が一つの方向性を示している。つまり、物事や問題に対して、「あれかこれか（either/or）」という二項対立（dichotomy）ではなく、「あれもこれも（both/and）」で双方を両立させ、全体の調和を追求し、新たな価値を見出す二項動態（dynamic duality）を追求していく姿勢である。

いずれかを捨てて、もう一方に甘んじるという安易な選択を続けていては、新しい道は開けない。もう一つの選択肢も視野に入れながら、とことん悩み抜くと、その2つが異質であればあるほど、二項のいずれとも異なる新しい道が見えてくる。違和感から逃げずに、相違点と共通点を徹底的に突き詰めるのだ。

戦略論の大家リチャード・P・ルメルトも、「解決策が二者択一ということはめったにない。ほかにも必ず策があるはずで、他の選択肢を探すか想像しなければならない。侵攻か封鎖か、A社を買収するかしないか、という白黒のはっきりした選択は、短絡的な部下か既得権益を持つ関係者があらかじめそのように仕組んでいるのだ[*21]」と指摘する。

矛盾を超えることを志向する弁証法の歴史は古く、古代ギリシャにさかのぼるが「正（テーゼ）」「反（アンチテーゼ）」「合（ジンテーゼ）」のプロセスで止揚（アウフヘーベン）をめざす思考法だ。

ドイツの哲学者ゲオルク・ヴィルヘルム・フリードリヒ・ヘーゲルは、弁証法を「正」「反」「合」による止揚する知の動的運動、否定による発展と運動の論理として捉えた。[*22]

従来の哲学では、真か偽かという二項対立で考えられてきたが、ヘーゲルは、真というものは固定的ではなく、いつまでも同じ状態にとどまらず、自己否定して他となることで発展できると考えた。

基本的には、弁証法は、二つの対立における闘争である。断絶と矛盾を強調する死（静止と停滞）の弁証法もあるが、対立と否定を介した持続的な連続性によって和解と連続を強調する生（運動と発展）の弁証法もあるという主張もある。[*23]ただし、ヘーゲルがドイツの観念論者であったことから

＊21　リチャード・P・ルメルト（2023）『戦略の要諦』（村井章子訳）日本経済新聞出版、62頁。
＊22　中埜肇・東北アジア問題研究所（1995）『方法論としてのヘーゲル哲学』晩聲社。
＊23　中埜肇（1973）『弁証法――自由な思考のために』中公新書。

もわかるように、あくまで止揚されるのは観念的な形式知の綜合である。

一見、矛盾を許しているようで、「絶対精神」という自我が自己に矛盾するものを合理的に排除しながら、自己を展開していく「自我中心的合理主義の一典型」[*24]である、という指摘もある。自我に対立するものを合理的に倒す、という自我中心という思考は、無我の境地から暗黙知も含めて綜合しようとする二項動態とは異なっている。

ジャック・デリダやジル・ドゥルーズ、ミシェル・フーコーに代表されるフランス現代思想（ポスト構造主義）も、二項対立を超えるために「脱構築」を提唱した。[*25]しかし、相対主義にとどまっているという批判もある。一方、二項動態は多くの価値を尊重し認めながらも、干渉を避けるのではなく、新たな価値をともに創造する。また、一つの絶対価値を押しつける全体主義とも異なる。状況に合わせて複数の視点を多面的かつ自由自在に組み合わせることで、無限次元における創造の複雑性が担保されるのだ。[*26]

二元論を超えようとする動きは、日本哲学界の歴史にも見て取れる。西田幾多郎は、「絶対矛盾的自己同一」という概念を示し、「衝突矛盾のあるところに精神があり、精神のあるところに矛盾衝突がある」と述べた。西田や田辺元の弟子たちは、京都学派として日本における哲学の礎をつくった。その一人、三木清の集大成ともいえる著書『構想力の論理』の序には、「客観的なものと主観的なもの、合理的なものと非合理的なもの、知的なものと感情的なものをいかにして結合しうるかという問題」とある。[*27]

大谷大学の学長も務めた浄土真宗の僧侶清沢満之《きよざわまんし》は、西洋の「二項対立」によるロジックに対して、「二項同体」という考え方を示した。２つのもののどちらかを選択するのではなく、「２つの関係」に注目しようとする考えだ。清沢は長く肺結核に冒され、39歳の若さでこの世を去ったが、仏教界、教育界や文芸界に影響を与えた。夏目漱石の『吾輩は猫である』の八木独仙、『こころ』のＫは、清沢がモデルだという。[*28]

二項動態は、異質性から創発する

同質なもの同士からは何も生まれない。二項動態が創造的なものになるかどうかは、その二項の異質性に依存する。異質性は、多様性によってもたらされる。多様性には、性別、人種、年齢などの人口統計学的多様性もあれば、モノの見方や考え方など認知的多様性もある。多様性に欠ける画一的な集団は、死角も共通しがちであり、その傾向を相互に強化してしまう「ミラーリン

＊24　末木剛博（２０２１）『東洋の合理思想』法蔵館文庫。
＊25　千葉雅也（２０２２）『現代思想入門』講談社現代新書。
＊26　細谷功（２０２２）『見えないものを見る「抽象の目」――「具体の谷」からの脱出』中公新書ラクレ。
＊27　三木清（２０２３）『構想力の論理　第一』岩波文庫。
＊28　松岡正剛（２０２０）『日本文化の核心――「ジャパン・スタイル」を読み解く』講談社現代新書、３３５頁。

グ」が発生する。[*29]

二項動態プロセスとしての組織的知識創造は楕円を描く。異なる二項は、相互作用して共通性を探りながら重なりを持つ一方で、重ならない独自性・異質性も保持するからである。花王元会長の常盤文克も「楕円思考」を示している。二つの異なる円を近づけていくと、重なりが生まれ、やがて楕円のような形になる。常盤は、一つの楕円のなかで双方が自分の原点をしっかりと持ちながら相手の存在も認める「対立的統一」の重要性を主張する。[*30] AかBかという二分法では、複雑な問題を解決することはできず、自分と対極の両方を含めて全体を見定めるべきなのである。

中国のものの考え方には、物事を一面的に見ない「両面思考」があると、中国思想の研究者金谷治は述べる。[*31] 表からの一方的な見方だけではなく、逆のほうからも考える、つまり相対的な両極端を必ず同時に視野を入れる総合的な態度である。

東洋思想である陰陽の弁証法は、自我という極に背反するものを排除するのではなく、相矛盾する2つの極を立てて、その両極の間に相互に補完し肯定し合い、場合によっては相手の必要条件となる関係性をつくる。[*32] これも「楕円思考」と呼ばれている。2つの焦点の結合によって周辺を決定する構造と似ているからである。

物事の本質は、陰と陽という2つの極の中間にあるが、それは単なる妥協点でもバランス点でもないとされる。それら二極は、独立などしておらず相互に関係し合い、依存し合う関係性を前提にしているのである。中国では、二は安定した数字ではなく、そこから動き出す数だという。[*33]

対立しながらも相手を必要としており、それが動いて変化を起こしていく関係が、陰陽の関係性である。暗黙的にはグラデーションで二項がつながっているダイナミックな関係性と考える二項動態と通底している。対立軸で分けられている二項の両極端を活かし、その葛藤やせめぎ合いから逃げずに、創造的に新たな道を見出す二項動態は、矛盾する2つを絶対に相容れない、排斥し合う関係と捉える弁証法よりは、陰陽の関係と近い。

生物学者スチュアート・A・カウフマンは、異質な組み合わせが融合するたびに、また新たな組み合わせが発見される可能性が大きくなることを、「隣接可能性」と呼んだ。[*34] 二項動態は、異質性、多様性を糧としているのである。

*29 マシュー・サイド（2021）『多様性の科学』ディスカヴァー・トゥエンティワン、40頁。
*30 常盤文克（2017）『楕円思考で考える経営の哲学』日本能率協会マネジメントセンター。
*31 金谷治（1993）『中国思想を考える——未来を開く伝統』中公新書、93頁。
*32 末木（2021）。
*33 金谷（1993）101頁。
*34 スチュアート・A・カウフマン（2020）『WORLD BEYOND PHYSICS——生命はいかにして複雑系となったか』（水谷淳訳）森北出版。

二項動態は、その都度の最善をめざす

「キツネはたくさんのことを知っているが、ハリネズミは大きいことをひとつだけ知っている」。これは、政治哲学者アイザイア・バーリンや『ビジョナリー・カンパニー』シリーズのジム・コリンズらが、古代ギリシャの詩人アルキロコスの詩から引用する一節だ。

歴史学者ジョン・ルイス・ギャディスが、その著書『大戦略論』で示したのは、コモンセンスとしての実践的知恵である。全体的な概念にまとめず、複雑な世界を複雑なものとして理解する多元主義と、複雑な世界の本質を見抜き、一つの基本概念に単純化する一元主義の綜合が極限状況を打破するために必要なのだ。ハリネズミの方向感覚とキツネの環境変化に対する鋭い感性の両方を用いて、原則を重視しながらも臨機応変に方策を繰り出す実践的知恵こそがコモンセンスとなる。[*35]

環境変化を察知し、原則を重視しながらも、適時適切にどの方向に向かっていけばよいかを判断し、臨機応変に方策を繰り出していくのが「二項動態」的思考と実践である。

紛争やパンデミック、そして自然災害など想定外の危機が続く混迷の時代において、困難な問題を解決する絶対的な正解や完璧なマニュアルといった、一振りで物事を新しい景色に変える「魔法の杖」は存在しない。緻密な計画を作成しても、計画が出来上がった頃には、前提条件が変わっているから現実場面で役に立たない。

現実が動いていく以上、私たちはその時点での「最善」を、その都度めざすだけである。古代ギリシャの哲学者アリストテレスも、究極の善をめざすことは現実世界では無理があり、「より善い」をめざし、状況や文脈に応じて適切な行動をとることしかできない、それが実践知であると説いている。

毛沢東は、共産党内の教条主義と、経験主義の対立を超えるため、理論と実践の統一をめざした。学者ではなかったが、毛沢東は『矛盾論』と『実践論』を記した。毛沢東は、『実践論』のなかで以下のように述べている。

「実践をつうじて真理を発見し、さらに実践をつうじて真理を実証し、真理を発展させる。感性的認識を能動的に理性的認識に発展させ、さらにその理性的認識にもとづいて能動的に革命の実践を指導し、主観的世界と客観的世界を改造する。実践、認識、再実践、再認識というこの形態は、循環しつつ無限にくりかえされ、そして一循環ごとに、実践と認識の内容は、より高い程度のものに進んでいく。これが弁証法的唯物論の認識論のすべてであり、これが弁証法的唯物論の『知』『行』統一観である」[*36]。経験の重要性を説きながら、感性は、理性に発展させていく無限の循環モデルを示したのである。彼の思想には、マルクス、レーニンの弁証法的理論をふまえながら

*35 ジョン・ルイス・ギャディス（2022）『大戦略論――戦争と外交のコモンセンス』（村井章子訳）ハヤカワ文庫。

も、先述した中国流の反対を容認する矛盾関係が示されている。[*37]

二項動態は、多項動態である

そもそも二項対立とはなんであろうか。一見、相反する事項は別々に存在しているわけではないことがほとんどだ。矛盾する要素は、デジタル的に白か黒かではなく、実際の境界は曖昧だ。アナログ的にグレーのグラデーションになっている。氷山モデルで示した暗黙知と形式知がそうであるように、実は連続体であり、地続きにつながっている。

デカルトは、心身二元論を唱えたが、心と身体が別々に存在していないことは自明だ。たとえば、「健常者」と「障害者」という二項対立の対立軸を決めているのは、近代的なエゴイズムにすぎない。[*38] 老化に伴い徐々に目は見えなくなり、耳は聞こえなくなるのに、視覚障害者、聴覚障害者というゼロかイチかの区分けが当たり前になっている。実際にはグレーゾーンに存在している人が多数いるのに、どちらかの区分に自らを合わせないといけない窮屈さを押しつけられているのだ。

ほかにも、管理のしやすさ、あるいは政治的な事情などから、記号でラベリングされ、二分法で分けられている事項は案外多いのではないだろうか。内か外、常識か非常識、などの二項も、「自分中心の正誤」という世界観から対立構造として扱われやすい事項だ。この背景には、そのように区分するほうが集団形成しやすい、という論理があるからである。[*39]

また、冷静に考えれば、二分法はナンセンスである。物事、事象において、一つのカテゴリーで分類できるものなどないからである。多様な特質が複雑に絡まって、ある物事、事象を形成しているからである。哲学者の清水高志は、「二項対立を一方の極へと無理やり統合して調停したり、何らかの調停パターンをあらゆる二項対立にあてはめるというような発想こそが、還元主義的で短絡的な、特殊な考え方」であると述べる。[*40]

相手を対象化・単純化しすぎることは戦略的ナルシシズムにつながる。『孫子』の有名な言葉に「彼を知り己を知れば百戦殆うからず」がある。元米国大統領補佐官、現スタンフォード大学フーバー研究所上席研究員であるハーバート・レイモンド・マクマスターが、自身の軍での経験を活かして「戦略的ナルシシズム」「戦略的エンパシー」という概念を示した。[*41]

＊36　毛沢東（1969）『実践論』（小野信爾訳）中央公論新社。野中郁次郎・紺野登（2003）『知識創造の方法論――ナレッジワーカーの作法』東洋経済新報社、77－78頁。
＊37　金谷（1993）115頁。
＊38　広瀬浩二郎（2022）『世界はさわらないとわからない――「ユニバーサル・ミュージアム」とは何か』平凡社新書。
＊39　細谷（2022）。
＊40　「トライコトミー……二項対立を超えて」『談』2024.No.130、水曜社、27頁。
＊41　H・R・マクマスター（2021）『戦場としての世界――自由世界を守るための闘い』（村井浩紀訳）日本経済新聞出版。

戦略的ナルシシズムとは、自信過剰やあきらめから、文脈を無視し自分が望むように認識し、希望的観測と自分勝手な解釈によって短期志向で政策や戦略を決めてしまうことを表している。状況が要求している方向よりも、それらを取りまとめる担当者たちが選好する方向が優先されてしまう。これらの傾向は、『失敗の本質』で描写した日本軍の姿やベトナム戦争時の米国国防長官ロバート・マクナマラ、あるいは不祥事や不正を起こしてしまった企業の姿に重なる。他方、相手の立場を歴史、政治、社会、文化を含めて理解し、刻々と変わる文脈の本質的な意味を洞察できるのが「戦略的エンパシー」だ。

二項動態は、多項動態になりうる。二者択一や二項対立など二分法に対するアンチテーゼとして二項動態を示しているが、実際は三者間、あるいはそれ以上のものに生ずるジレンマに直面することはありうる。それは、複数の二項対立の複雑な組み合わせに対処することでもある。多様な世界が共存しているという世界観を持ち、二項対立に還元されない複雑性や多様性をありのままに受け止めていくことが、自分にとって未知のものや異質なものを排除しない態度につながっていく。

中国にも中庸という思想がある。『中庸』に、「時中」という言葉がある。これは、現実世界の動いている状況のなかで、全体を把握しながら、その時々のぴったりあてはまる「中」を主体的にかつ柔軟に守っていくことを意味する。[*42] しかも、その「中」は絶えず揺れ動くほどよい「中」であり、その両端も捨て去ることはないのである。この考え方も、ダイナミックなバランスから

図1－5　二項動態の概念図

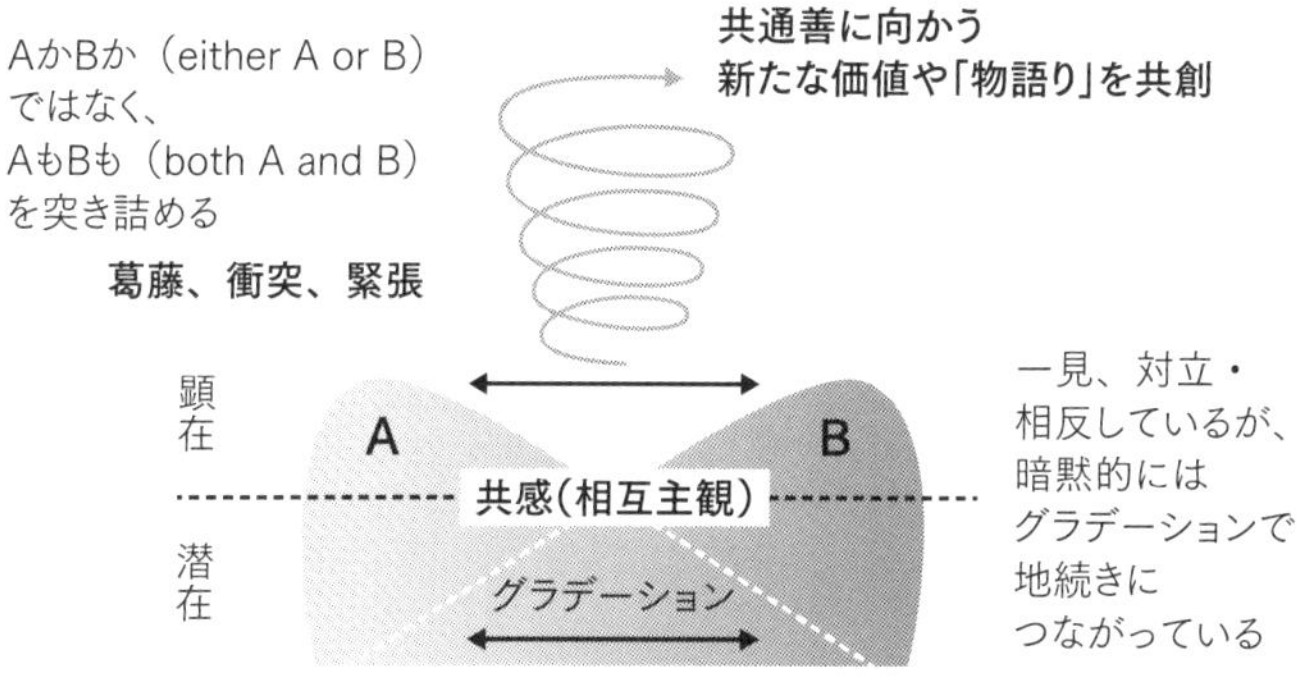

（出所）筆者作成

「より善い」を絶えず追求していく二項動態の姿勢と通底している。

二項動態は、動的変革プロセスである

対立項を切り捨てるトレードオフ、あるいは相反する二項の単純な平均や妥協からは、新たな意味や価値は生まれてこない。両極端で相反するように見える二項は、グラデーションで地続きにつながっていることはくり返し述べてきた。矛盾から生まれる衝突、葛藤、緊張から逃げずに、両極端の異質性、共通性に互いの暗黙知も含めて真剣に向き合うことで、動く現実の只中で新たな価値や「物語り」を共創し、自己変革・自己超越を実現する（図1－5）。

組織的知識創造理論の基盤となっている現象学で

＊42　金谷（1993）138頁。

は、現在には幅がある、と考える。いまの知覚体験には、消え去った現象や、これから現れようとする現象が含まれているからである。たとえば、ある慣れ親しんだメロディを聴いているとき、私たちは、瞬間瞬間で音を切り取って聴いているのではなく、先ほど聴いた音が余韻で残り、これから流れてくる音も予測できる。つまり、連続的な音の連なり、メロディとして聴いている。「いま」は、点ではなく幅を持つ。

ＡＩは、「幅のある現在[*43]」に生きることがない。現象学の時間論において、現象学者エドムント・フッサールは、「現在」とはいまこの瞬間として捉えられる現在だけでなく、過ぎ去る過去が生み出す意味と、未来に向けた無意識の先読みが臨在する「生き生きした現在」の構造を持つ、と述べている。

過去は、身体記憶として「いま」に臨在する。いまの一瞬に、これまで培ってきたありとあらゆる身体知が結集されるのである。身体記憶は、誰にでもその生きてきた過去の分、暗黙的に蓄積されている。マルセル・プルーストの小説『失われた時を求めて』には、マドレーヌを浸した紅茶を口に含んだときに、意図せずに過去の記憶が蘇ってくる描写がある。偶然、無意識から湧き上がってくる記憶は、これまでの人生で蓄積してきた身体記憶を含めた暗黙知からの贈り物なのである。

人間の創造性は、身体記憶や阿頼耶識《あらやしき》（無意識の深いところ）に眠る暗黙知が互いに偶発的に結びつくセレンディピティに支えられる部分が大きい。

対話型ＡＩは学習したビッグデータからもっともらしい回答を示してくれるが、頼りすぎると人間自ら思いがけない発想を出しにくくなる。効率的な作業をＡＩに任せ、人間は創造的な仕事をするはずが、皆が生成ＡＩに頼りすぎると、生成ＡＩが導き出す「平均的」「標準的」な解へと収束していってしまう。それは多様性を失うことと同じではないだろうか。

ＡＩは、人間のように現在に臨在する過去と未来、つまり過去からの記憶や未来の先取りを感じることはない。人間は、ＡＩからすると理論的な間違いとされてしまうような思いもかけない異質な組み合わせ、二項動態的にセレンディピティをやってのけるのだ。

フランスの哲学者モーリス・メルロ＝ポンティは、身体を通して世界の真理を知る、と説いた。「身体性」を伴う直接経験によって、無意識に眠っている暗黙知が呼び起こされ、相互作用が起きて、点と点がつながり、新たな発想がパッと浮かぶことがある。この発想の飛躍は、偶然性を取り込みながら、まったく無関係に見える事柄が契機となってブレークスルーが生じて起こることを意味する。

この偶然を発見する力、あるいはスティーブ・ジョブズに言わせれば点と点をつなぐ力は、セレンディピティと呼ばれる。しかし、このセレンディピティは、その機会を見逃さない者のみに

＊43　野中郁次郎・山口一郎（２０１９）『直観の経営――「共感の哲学」で読み解く動態経営論』ＫＡＤＯＫＡＷＡ。

訪れる。同じ経験をしていても、セレンディピティの恩恵を受ける者とまったく気づかない者に分かれるのだ。チャンスの神様とされるギリシャ神話に登場するカイロスは、前髪しか生えていない。出会ったらその前髪をつかまなければ瞬時に通り過ぎるという。細菌学者パスツールが言うように「チャンスは準備された心に宿る（Chance favors the prepared mind）」のである。

セレンディピティは、単なる幸運ではない。無意識の深いところに蓄積されてきた暗黙知、そして理想とする共通善の実現に向けて、見えないものを見ようとする強い目的意識に支えられなければ起こることはない。この主観的時間である「幅のある現在」と身体記憶などの豊かな暗黙知によって偶然性を必然に変える力であるセレンディピティが、観念論的に論じられた際の弁証法では注目されることはないだろう。だからこそ、二項動態はＡＩなどのシステムや機械には難しいのだ。

二項動態経営とは

経営活動においても、日々、アナログとデジタル、アートとサイエンス、トップダウンとボトムアップ、個別と具体、安定と変化、適応と革新など、さまざまな対立項に直面する。しかし、これらを二元論で分断するのはやめておこうではないか。これらに明確な境界線はなく、グラデーションでつながっている。だから、相互作用している対極をバランスさせ、その都度、新しい道をひねり出す。それは単なる足し算や予定調和ではないし、中間でも折衷でもない。偶発性や異質性を取り込み、新たな知を創造する、開かれた動的変革プロセスである。これを、個人レベルではなく集合的に行うのが「二項動態経営」だ。

われわれが提唱する二項動態とは、一見矛盾や相反する事柄を状況や目的に応じて、異質な両極端の特質を活かし、跳ぶ発想で新たな地平を見出すことを意味している。物事や問題を「あれかこれか」で捉える二項対立（dichotomy）ではなく、「あれもこれも」の二項動態（dynamic duality）で、状況に応じて何をなすべきかを機動的に判断し、行動する「生き方」を指している。

それは、異質なものとの出合いから新たな意味や価値を生成するイノベーションプロセスそのものだ。二項動態経営では、観念論で相手を倒すのではなく、暗黙知を源泉とする新たな知の創造、イノベーションを起こすことをめざしている。動いていく現実の只中で、状況に応じ、互いのせめぎ合い、妥協なき葛藤から、「こうとしか言えない」という「その都度の最善（より善い）」を無限に追求し、試行錯誤しながらともに前進していく創造原理としての生き方である。

現場・現実・現物にしっかりと立脚しながらも、遠くにめざす共通善からもフィードフォワードすることで、跳ぶ発想を生む可能性が大きくなる。過去の成功体験に過剰適応することなく、現状にも安住しないことが組織の自己変革につながる。

3　二項動態の哲学的基盤

哲学とは、ギリシャ語で「philosophia」であり、「知を愛し、求める」ことを意味する。組織的知識創造理論は、経営学と哲学を綜合することに挑んできた。知の創造を追求するためには、知を主要命題とする哲学の知見を活用するべきであるからだ。

二項動態において、「あれもこれも」へと綜合し、新たな価値創造へと向かうベクトルの先は共通善（アリストテレス哲学）であり、そのプロセスの基盤となるのは相互主観性や本質直観（フッサール現象学）だ。そして、そのプロセスを促進するのが実践知リーダーシップ（アリストテレス哲学、プラグマティズム）である。

アリストテレス哲学

古くはアリストテレスが、「中庸（メソテース）」という概念を示し、「しかるべきときに、しかるべき事柄について、しかるべき人に対して、しかるべき目的のために、しかるべき仕方においてそれを感ずること」と述べている。[*44] 平均とか妥協とかではなく、両極端のちょうどよいところ（中間）を射抜くこと、つまり、最も適切に判断し、行動することが重要であるのは、二項動態も同じである。[*45]

○共通善

動く現実のなかで、一見矛盾するように思える二項を「あれもこれも」とダイナミックに綜合していく方向性を規定するのが、共通善である。

アリストテレスによると、「生成するものはすべて原理、すなわち目的に向かって進んでいく（というのも、それのためにあるところのそれ［目的］は原理であり、生成は目的のためにあるからである）。そしてエネルゲイア（現実態）が目的であり、デュナミス（可能態）はそれ（目的）のために獲得される」。目的、意図は重要であると同時に、実践されなければ意味がないとアリストテレスは述べる。[*46]

二項動態が無限に向かうのは、共通善である。「より善い（better）」を無限にめざす共通善は、現状維持を許さない。共通善は、神棚に飾ってしまうと陳腐化する。日々、自身に問えば無限に自己変革を求めることができる。

二項動態のダイナミクスは、自ら存在目的、存在価値を問うことから生まれる。志が低ければ、もちろん、そこに向かうエネルギーは小さくなる。大義は、遠く高く跳ぶことをいざなう。「矛盾

＊44　アリストテレス（1971）『ニコマコス倫理学（上・下）』（高田三郎訳）岩波文庫。
＊45　山本芳久（2022）『アリストテレス「ニコマコス倫理学」――人生の究極目的を問う（NHKテキスト100分de名著）』NHK出版。
＊46　アリストテレス（1959）『形而上学（上）』（出隆訳）岩波文庫。

は、その解消に向かった成員の情熱をかき立て、血が騒ぐほど高邁な理念に裏打ちされたものであればあるほど、その解消に向かった情報（知識＊筆者追記）創造の動機づけを喚起する」のである。[47] アリストテレスは『ニコマコス倫理学』で、以下のように述べている。

「いかなる技術、いかなる研究（メトドス）も、同じくまた、いかなる実践や選択も、ことごとく何らかの善（アガトン）を希求していると考えられる。『善』をもって『万物の希求するところ』となした解明の見事だといえるゆえんである。（中略）よく生きている（エウ・ゼーン）ということ、よくやっている（エウ・プラッテイン）ということを、幸福にしている（エウダイモネイン）という同じ意味に解する[48]」

アリストテレスはプラトンのイデア（理想主義）を批判したが、アリストテレスの善はイデアに終わらない。実践が目的とされている点が大きく異なる。人間の技術、研究、行為や選択は究極目的としての共通善をめざしている。そしてそれは、「生き方」、実践と深く結びついているのだ。

○実践知リーダーシップ

突然の天災は、人間がコントロールすることはできない。しかしコロナ禍が示したように、極限状態において間違った対応の連鎖が続けば、それが人災になってしまうことがある。状況変化に応じた判断は、後戻りできない「一回性」という性質を持つ。ほんの一瞬の判断が、のちの大きな出来事の引き金につながり、将来の差異を生む。

ハウツーやマニュアル頼みの人は、現場のリアルな想定外の危機に直面したとき、その知識を応用できず役に立てられない。「ブック・スマート」や「アカデミック・スマート」で、日本語でいえば「学校秀才」は、現実の只中で「いま・ここ」で起きている状況を、全身全霊で五感を使って感じる経験が少ない。

混沌とした状況に対し、机上の空論や定石は役に立たない。一方の「ストリート・スマート」は、すべての現場・現実・現物にありのままに向き合う。一切の先入観を排除して、表象の背後にある意味を見抜き、臨機応変に対応する。思えば、人類は狩猟民族時代からそうやって野性を発揮して生き抜いてきたのではないだろうか。

危機に絶対解はない。データ解析したところで、正解が得られるとは限らない。現場の文脈や質的な側面がそぎ落とされた数値分析だけでは、暗黙的なものを含めた全体像を捉えられず、正しい判断はできない。刻々と動いていく状況のなかで、目の前の現実に向き合い、「何をなすべきか」という本質を見抜く。先述したようにその起点となるのは、現場の直接経験のなかで「いま・ここ・私だけ」が感じる質感（クオリア）だ。これは、人間の誰もが持ち合わせている感覚である。合理性への過信は、局面の大きな変化を察知する嗅覚を劣化させ、現象の背後にある意味を見抜

＊47　野中郁次郎（1985）『企業進化論――情報創造のマネジメント』日本経済新聞社。
＊48　アリストテレス（1971）。

く機会を失わせてしまう。合理や数値に還元できないものを封じ込めてはならない。

「いま・ここ」という現実を、変わり続けるダイナミックな文脈の只中で、過去と未来の「より善い」を洞察し、最善の判断と行動をタイムリーに選択する実践知とは、アリストテレスが示したフロネシス（Phronesis）であり、賢慮（Prudence）、実践的知恵（Practical wisdom）である。

「フロネシスは（中略）およそ全般的な仕方で、どのようなものごとが『よく生きる』ということのためにいいか、についてなのである。（中略）フロネシスとは、『人間にとって諸般の善と悪に関しての、ことわりを具えて真を失わない実践可能な状態』（中略）。フロネシスは実践的なもののゆえ、したがって、それの一般的な面と個別的な面とがともに必要であり、あるいはむしろ、その個別的な面のほうがより多く必要であろう」[*49]。アリストテレスが語るように、普通と個別具体の共存のなかでの適時適切な実行力がフロネシスである。

『知識創造企業』の続編である『ワイズカンパニー』の基本的提言は、企業の共通善に向かって、組織的な知識創造の拡大再生産を促進し、持続的成長を実現する実践知（ワイズ）リーダーシップとは何か、を理論と事例から明らかにしたことだ。

実践知リーダーシップは、アリストテレスの第三の知に由来する実践知（Practical Wisdom）である。アリストテレスの知識の三分類によれば、第一が「エピステーメ（普遍妥当な科学的知識；know-why）」、第二が「テクネ（スキルベースの技術的知識；know-how）」、第三が「フロネシス：何をすべきかを知る（実践的知恵；know-what-should-be-done）」であり、「賢慮（Prudence）」とも訳される。

たとえば、「よいクルマ」という普遍的な概念は存在しないため、「何がよいクルマか」という問いにエピステーメは答えられない。テクネはクルマのつくり方の知識であって「よいクルマ」を追求するわけではない。フロネシスは、「よいクルマとは何か」と「どのようにしてつくるのか」を綜合する知識である。

実践知とは、一般原則を活用するだけでなく、個別の状況や関係性に通じる実践的な賢さを意味している。実践知を有する者は、個別具体の文脈で両極端における最適な中間（物理的な真ん中ではない）を洞察し行動する二項動態を促進する。「いま・ここ」の現実において、変わり続けるダイナミックな文脈の只中で、未来の共通善の実現に向かって、その都度の最善である「より善い」を洞察・判断し、タイムリーに行動する実践知・賢慮が、二項動態を促進する実践知リーダーシップの本質である。以下は、その要件を6つにまとめたものである。

1. 善い目的をつくる

何が組織と社会にとって善いことかを示す

2. 現場で本質を直観する

*49 アリストテレス（1971）。

目の前の現象の背後にある意味は何か、コンテクストや問題の本質を洞察する

3. **場をタイムリーにつくる**

共感を通じて新たな意味を創造できるよう、公式・非公式な場（共有された動く文脈 shared context in motion）を絶えず創り出す

4. **本質を物語る**

物語やメタファー（隠喩）を使って、わかりやすく、物事の本質を伝える

5. **物語りの実現に向けて政治力を行使する**

人々の力を結集し、あらゆる手段を駆使して、物語りを実現する

6. **実践知を自律分散的に育む、組織化する**

組織のあらゆる層に、徒弟制やメンタリングなどを通じて、実践知を育成する

フロネシスつまり実践知は、共通善の実現に焦点を当てて行動する高質な暗黙知であるともいえる。それは、戦略を持続的に実践するための身体化された哲学や行為を指す。経験から生み出された内在的な倫理や徳である。徳倫理学者のアナスは、「徳は、一度ですべてが達成されるものではなく、われわれが新たな課題に直面し、徳にとって必要な理解を広げるたびに発達する、われわれの性格の傾向性（disposition）である」[*50]としている。

賢慮の人になるためには、頭で理解するだけでなく、賢慮を発揮するための実践を繰り返さな

ければならない。そうすることで、実践で得た暗黙知がより高質な暗黙知となり性格の傾向性を深化させていく。同時に、ここでいう知的な徳（intellectual virtue）は、個人特有のものではなく、集合的に共有可能である。

アリストテレス自身、二項動態的な学者だ。「アテナイの学堂」と題されたラファエロの有名な絵画に描かれたアリストテレスは、その師プラトンが天を指し示しているのに対し、地面を手のひらで差している。このことから、プラトンのイデア、演繹的思考に対し、アリストテレスが現実主義、帰納的思考とされることが多い。

しかし、実際には個別と普遍、帰納と演繹、理想と現実、双方の視点を持ち合わせていたことは、その著書から多く読み取れる。「アリストテレスにおける２つの視点の共存は、すくなくとも、実体を取り巻く事情を立体的に捉えることを可能にした」と山口義久は主張する。[*51] たとえば、可能性と現実性の概念においては、現実に追従するのではなく、実現されていないが実現する可能性がある未来を見通すことが、重要な意味を持つことをアリストテレスは示している。

＊50　Annas, Julia (2011) *Intelligent Virtue*, Oxford University Press on Demand.
＊51　山口義久（２００１）『アリストテレス入門』ちくま新書。

フッサール現象学

○現象学的還元

これまでの前例や慣習、規則、そして慣性として働いている組織のルーティンを打破するために有効なのは、フッサールが示す「現象学的還元（エポケー）」的態度である。二項動態の実践においては、虚心坦懐に対立項とされているものに向き合わなければ、本質を洞察できない。

現象学的還元は、日常生活におけるあらゆる先入観や思い込みを排し、ありのままの体験に立ち戻ることを意味している。いったん知的判断をカッコに入れて、動く現実の時空間の流れのなかで、ありのままを受け止めるのである。私たちは案外、科学的知識から自由になれていないものだ。したがって、当たり前をいったん捨てて、わかったつもりから解放される態度は、自分たちがどのように体験して、どのように感じたかに対して真摯に向き合うことを可能にする。

勝手に設定された二者択一を迫られたときも、ひとまずその対立軸を外すことができる。誰もが陥りやすい認知バイアスから逃れるためにも有効だ。

現象学的還元は、西田幾多郎の「純粋経験」とも通底している。西田はこう語る。「経験するというのは事実其儘に知るの意である。全く自己の細工を棄てて、事実に従うて知るのである。純粋というのは、普通に経験といっている者もその実はなんらかの思想を交えているから、毫も思慮分別を加えない、真に経験其儘の状態をいうのである。たとえば、色を見、音を聞く刹那、未だこれが外物の作用であるとか、我がこれを感じているとかいうような考のないのみならず、この色、この音は何であるという判断すら加わらない前をいうのである。それで純粋経験は直接経験と同一である。自己の意識状態を直下に経験した時、未だ主もなく客もない、知識とその対象とが全く合一している。これが経験の最醇なる者である」[*52]

○相互主観性(共感)

二項動態における二項の相互作用が妥協や忖度、単なる同調に終わらず、創造的プロセスとなるために基盤となり、媒介するのが、フッサール現象学で示された相互主観性という概念だ。[*53]

われわれは一人ひとり異なる主観を持つ。一方で、より多くの人々にとっての共通の価値としての集合知は重要だ。「いま・ここ・私だけ」の直接経験での質感や思い、主観(一人称)を、「いつでも・どこでも・誰でも」が共有できる客観的で普遍化された形式知(三人称)へと転換することを媒介するのが、二人称の共感だ。だからこそ、組織的知識創造プロセスは共同化からスタートする。

人と人との関係性の最小単位である二人称とは、主観を持つ者同士が、関係性のなかで相互作

＊52　西田幾多郎(1979)『善の研究』岩波文庫。
＊53　野中・山口(2019)。

用し合って、「われわれの主観」を醸成することだ。「われわれの主観」という言葉自体が、「われわれ」と「主観」という相反しがちな二項を動態的に綜合した意味を持つ。フッサールは、この関係性を「相互主観性」と呼んだ。

共感とは、他者を理解し、自らを他者として経験することである。[54] メルロ＝ポンティによると、人間の心は身体に根差し、身体感覚は相互に浸透する間身体性である。母親が乳児に添い寝しているときなど、母子の呼吸は同調し、触れ合っている身体の境界がなくなってくる感覚がそれである。母子は、「いま・ここ」の瞬間を、触れ合う身体を介して、非言語的に共有しているのだ。フッサールは、この自他の区別がない一心同体の感性のみの関係性を「受動的相互主観性」と称し、哲学者マルティン・ブーバーは「我－汝」関係と名づけた。[55]

しかし、人間は成長するにつれ、知性が発達し言語を習得する。さまざまな知識を得て、相手を対象化するようになる。自我の芽生えである。他者との関係は変化し、「彼・彼女・それ」となった対象を自己と区別し、言語によるコミュニケーションを成立させる関係性となる。これをフッサールは「能動的相互主観性」、ブーバーは「我－それ」関係と名づけた。

問題は、次の段階である。知性が発達し、言語を覚え、自我が芽生えたわれわれは、再び乳児のときのように他者と主客未分となる「我－汝」関係を実現できるかが問われる。ミハイ・チクセントミハイが提唱したフロー状態（ゾーン）のように、他者と向き合い、無心の境地になって自我を解放すれば、それは可能だ。現象学者の山口一郎によれば、エゴ（利己）を捨てることができ

図1−6　相互主観性

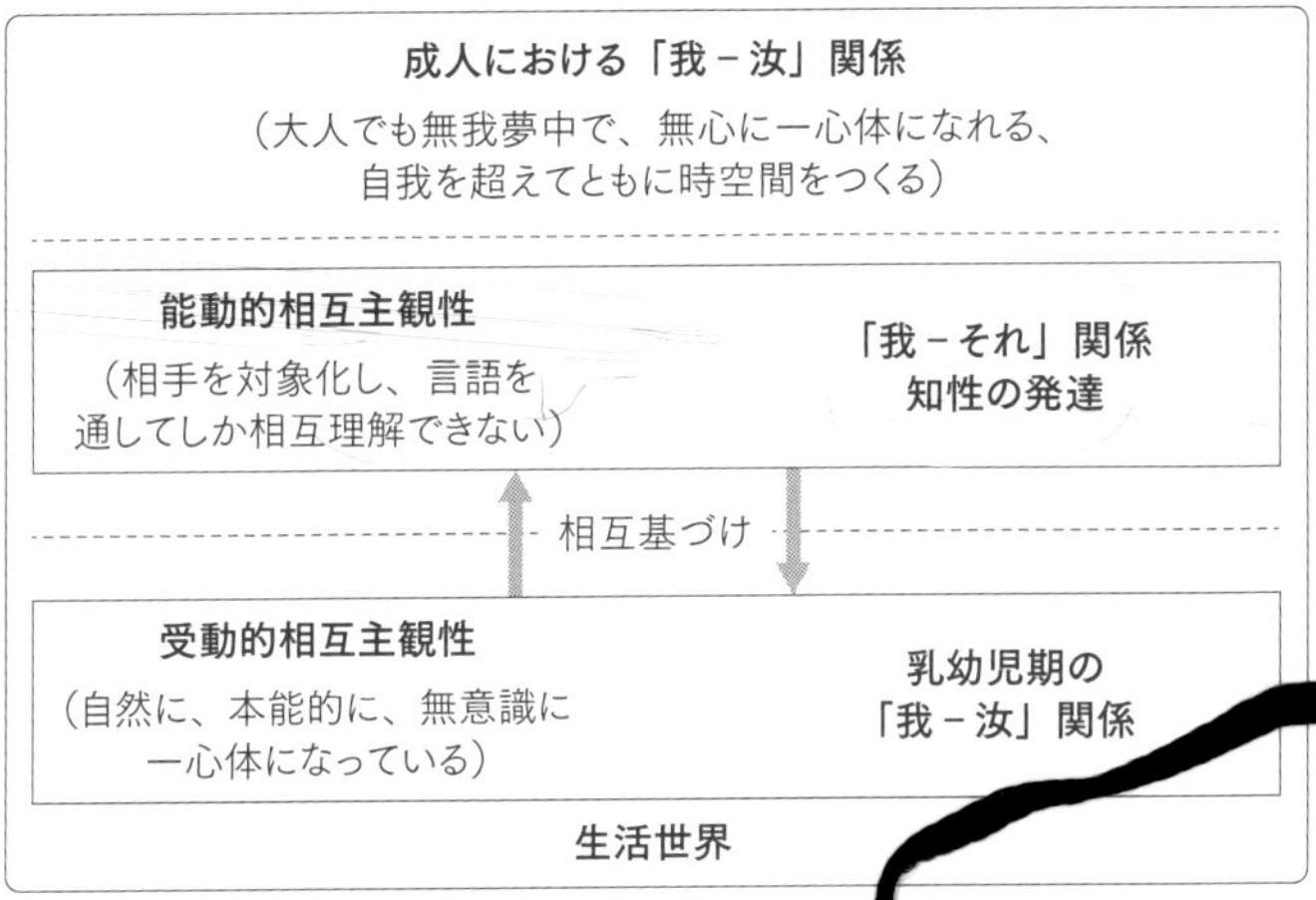

（出所）野中郁次郎・山口一郎（2019）『直観の経営』KADOKAWA

れば、知性と感性を統合できる。[*56] その関係性は、人間との共感だけでなく、スポーツ、芸術などあらゆる物事において成立しうる。

異なる両極をバランスさせ、綜合し、新しい価値を創造する二項動態において、相互主観性は重要な基盤となる（図1−6）。

本田技研工業（以下、ホンダ）には伝統的に「ワイガヤ」と呼ばれる対話の場がある。プロジェクト発足時に、職種や部門横断で知的コンバットを非日常の場で行う。非日常の時空間をともにし、メンバーが全人的に向き合

＊54　Coplan and Goldie eds. (2011), *Empathy, Philosophical and Psychological Perspectives*, Oxford University Press.
＊55　マルティン・ブーバー（1979）『我と汝・対話』（植田重雄訳）岩波文庫。
＊56　野中・山口（2019）。

い、組織の存在意義や人生の目的など本質的な議論を行う。

最初は、鎧をまとっていて相手を互いに対象化し、傍観者や批評家のようなコメントをしていたメンバーも、対話を重ねていくと、自身の生き方や志を語り合うようになってくる。相互に違いを認めつつ、相手を全人的に受け入れ、自我を超えた本音が飛び交い、最後には「こうとしか言いようのない」という相互了解するコンセプトが、魂の言葉として表出されるのである。

成人における「我－汝」関係とは、相手への単なる同感ではなく、他者との知的コンバットを経て「われわれの主観」に到達するプロセスである。これは、忖度や妥協を超えた厳しい性質を持つ。「我－汝」の二人称の関係性を起点として、「より善い」共通善に向かい、ぶつかり合いながらも「こうとしか言いようのない」という状態をめざすのである。

二人称の関係性は、異質な者同士の相互作用であり、完全に重なり合うことはない。全身全霊の真剣な対話を通じて、相互の矛盾に向き合い、葛藤する。ぶつかり合うことで新たな意味や価値をともに見出す。異質なペアによる相互作用プロセスは二項動態そのものであり、その関係性はクリエイティブペアと呼ばれる。多様な個性を持つ異質な者同士であればあるほど、衝突や緊張は大きくなるが、それだけ画期的なイノベーションへとつながることも多い。二項動態は多様性を活かす方法論でもあるのだ。

プラグマティズム

二項動態を伴うSECIスパイラルは、行動、実践を伴って初めて成立する。リーダーはプラグマティックであり、マキャベリ的知性も発揮しなければならない。

実践知リーダーの5つ目の能力は、物語りを実現する、である。人を動かし、あらゆるステークホルダーを巻き込みながら、ヒューマナイジング・ストラテジー（人間くさい戦略）を実行していく過程は、ある意味、政治プロセスだからだ。ときには相手の意図を推測して先手を打って巧妙なゲームを展開したり、あるいは綺麗事ではなく清濁あわせ呑む場面もある。

マキャベリは、政治学者であるが、その思想はプラグマティズムにも通じる点がある。マキャベリズムには、卑怯で狡猾なイメージがつきまとうが、二枚舌、権謀術数、鉄の意思などは、困難や矛盾に直面しても、柔軟に機転を利かせていける未来を創造するリーダーの能力である。

リチャード・サミュエルズは、マキャベリを評して、「高次の善に無関心だったわけではない。目的は手段を正当化するという有名な言葉も、あくまで道徳的な立場から言われたものだ」と述べる。[*57]

「より善い」共通善を求めながらも、目の前の現実の只中で実践を重んじる姿勢を、「理想主義的プラグマティズム」と呼びたい。それは二項対立を超えて、普遍的価値と個別的価値のせめぎ合いのなかで、実践的な方向を見出していく二項動態プロセスを促進するリーダーの「生き方」

である。

プラグマティズムは、19世紀に生まれた哲学思想の一つであり、経験論の流れをくみ、観念的な真理追究を批判する反形而上学的傾向を持つ。形而上学や観念的な真理追究を批判し、発展した。行動や「実際に役に立つか」「行動によるその都度の検証、修正」を重視する現実的な思想だ。

プラグマティズムの始祖とされるチャールズ・サンダース・パースは、観念の意味や妥当性は行為と結びつくべきだと考えた。ウィリアム・ジェームズはパースの考えを発展させ、「行為やその結果にもとづいて判断」する際に、「実際に役立つか、意味があるのかどうか」という視点を持って判断すべきだと考えた。

ジョン・デューイは、「行動によってその都度検証して修正を加えながら判断して進む姿勢」が重要だと考えた。判断基準は常に絶対的なものが一つあるのではなく、行動の結果次第で変化するのであり、知識が実生活に有用であれば真理であるとする。科学的知識や概念、思想は、あくまで人間が問題を解決するための道具であるという「道具主義」を確立した。

プラグマティズムは、シカゴ学派、心理学における行動主義などさまざまな分野に影響を与えていったが、ポストモダンや分析哲学の影響を受けて20世紀に発展した流れにネオプラグマティズムがある。その論者ニコラス・レッシャーは、プラグマティック・アイデアリズムを提唱した。より善い共通善を求めながらも目の前の現実の只中での実践を重んじるわれわれは、先述のとおり、理想主義的プラグマティズムと呼んでいる。これは、二者択一を超えて、普遍的な価値と個別具体の価値を綜合しようとする二項動態経営の生き方そのものであり、賢慮を有する実践知リーダーの姿勢の基盤となっている。[*58]

4 — 動態経営論の潮流

「知識ベース企業のプロセスモデルは、ビジョンの実現に向かって言語（対話）と行為（実践）の錬磨を通じてイノベーションを起こし続ける運動モデル」なのである。[*59] われわれは、知識創造理論をダイナミックなプロセス理論として構築してきた。組織的な知識創造の原理には、主観や価値観といった人間的な側面が包含されており、異なる価値観や思いを持つ個人同士が相互の共感関係から、環境とも相互作用しながら、社会的に正当化して新たな知を他者と創造していくとい

＊57　Samuels R. J. (2003), *Machiavelli's Children: Leaders and Their Legacies in Italy and Japan*. Ithaca, NY: Cornell University Press, p.6.（R・J・サミュエルズ〔2007〕『マキァヴェッリの子どもたち――日伊の政治指導者は何を成し遂げ、何を残したか』〔鶴田知佳子・村田久美子訳〕東洋経済新報社）

＊58　野中・竹内（2020）。

＊59　野中郁次郎・遠山亮子・平田透（2010）『流れを経営する――持続的イノベーション企業の動態理論』東洋経済新報社。

う関係性のプロセスが根幹となっている。
数学者で哲学者でもあったアルフレッド・ノース・ホワイトヘッドがプロセス哲学で論じたように、世界は絶え間なく結びつきが変化し生成する（becoming）状態にある。[*60] 現在の「いま・ここ」に生きながらも、過去の経験を背負い、現在の自己を超越し、未来に向けて新たな自己を再創造していく流れが人生である。人間によって組織されている企業も、絶え間ない変化の流れに生きる存在であり、開かれた未来に向けて、過去と現在を綜合して、自己を超越し続け、新たな価値を創造していく「成る＝becoming」の状態にあるのである。
動態経営論において昨今議論されているのが、「レジリエンス」である。幾多の危機に直面しても、その状況をチャンスに変えて復活するレジリエンス（復元力・再起力）が持てるかどうかは、企業の生死にかかわる。[*61] 組織のレジリエンスについては、たとえば、最難関ルートでエベレスト山登頂を果たしたチームの研究成果が興味深い。この研究では、事前に定められた「ルーティン」、見通しがあまり利かない環境で意思決定を容易にする経験則に従う「ヒューリスティックス」、問題などにその場その場で反射的に対応策を繰り出す「即興」、の3つの手法を組織がよどみなく活用できる知略が養われれば、どんな状況であっても、その場に応じて自由自在に対処できる、と述べる。[*62]
情報処理モデルや機械的組織のように、逸脱や失敗を許容しない経営手法やマネジメントシステム、あるいは量で管理しようとしたり、効率性のみを追求したりする仕組みや制度は、人々に画一性や標準化を求めるため、組織における自由度や創造性を阻害する。それに対して、われわれの知識創造理論は、人間とは未来に向かって関係性のなかで意味や価値を生み出す動的な主体である、という人間観によって立っている。

情報処理マシンとしての組織は、想定されプログラミングされた予想可能な成果しか達成できないため、新たな価値を生み出すことはできない。一方、暗黙知を源泉とした組織的な知識創造プロセスを回す組織は、二項動態経営によって想定外の画期的なイノベーションを起こし、自己超越することができる自己変革（self-transforming）組織である。

また、長年、経済学の影響を大きく受けてきた経営学は、主流派経済学と同様、静的な前提を置き、演繹的で分析的な性質を持っていた。その代表格が、マイケル・ポーターである。その学問体系の安定性を脅かすような動態的な現実を除外し、数学化、モデル化によって閉鎖的に閉じた学問となっていた。

＊60　Whitehead, A.N. (1978) *Process and Reality. corrected edition*, Free Press.

＊61　アンドリュー・ゾッリ、アン・マリー・ヒーリー（２０１３）『レジリエンス 復活力——あらゆるシステムの破綻と回復を分けるものは何か』（須川綾子訳）ダイヤモンド社。

＊62　フェルナンド・F・スアレス、ホアン・S・モンテス（２０２０）「エベレスト登頂チームの研究から導いた組織のレジリエンスを高める方法」『ＤＩＡＭＯＮＤハーバード・ビジネス・レビュー』２０２０年２月号、67－76頁。

経済学をディシプリンに発展してきたリソース・ベースト・ビュー（RBV）は、この数十年、経営学の主流の一つであった。企業固有の希少で模倣困難な内部資源（リソース）が競争力をつくり出すという立場であるRBVでは、人間を人的資源、つまりリソースの一つとして扱う。

しかし、人間は単なる経営資源ではなく、価値創造の主体そのものである。人間は物理的資源のような「在る＝being」静態的な資源ではなく、先述したように、環境や他者との関係性の相互作用において「成る＝becoming」動態的な存在なのだ。

これまでの経営学は、経営を分析する対象として静態的に捉え、要素分解して正解を求めることにとらわれすぎてきた。環境変化の只中で組織の価値創造という動的プロセスを理論化することが求められている。

ダイナミック・ケイパビリティ

われわれバークレー学派の一人、ディビッド・ティースの貢献は、マイケル・ポーターの市場構造ベースの戦略理論と比較すると、人間のリーダーシップ・ベースの動態理論の構築を意図していることだ。ティースは、「マイケル・ポーターの5つの競争要因フレームワークは静的な性質を持ち、補完性、経路依存性、サポートする制度の役割といった競争環境の多くの特徴を無視している」と指摘し、ポーターモデルとの決別を宣言した。[*63]

ティースは、「取引コスト理論」でノーベル経済学賞を受賞した経済学者オリバー・ウィリアムソンの弟子だ。多国籍企業や国際ビジネスを研究していたティースは、取引コスト理論は基本的に価値の保護を追求しており、企業行動における価値創造を説明する理論になっていないと評し、ダイナミック・ケイパビリティという概念を着想した。ダイナミック・ケイパビリティとは、「環境や状況が激しく変化するなかで、企業がリソースを組み合わせ直して自己変革する能力」である。

そのプロセスは感知（Sensing）、捕捉（Seizing）、変容（Transforming）で説明されており[*64]、組織的知識創造理論とダイナミック・ケイパビリティは「動的」経営論、という点では共通点がある。

しかし、相違点もいくつか見出せる。まず、ダイナミック・ケイパビリティではトップ層がリソースの再結合や再配置、そして感知、捕捉、変容のプロセスを主導するのに対し、知識創造理論では、実践知リーダーシップ（後述）が組織のなかで自律分散的に発揮され、あらゆる階層がコミットし、集合的な知識創造プロセスが促進される。

つまり、ダイナミック・ケイパビリティは基本的にトップダウンのプロセスであり、われわれ

＊63　Teece, D.J. (2007), Explicating Dynamic Capabilities: The Nature and Microfoundations of (Sustainable) Enterprise Performance, *Strategic Management Journal* 28(13):1319-1350.（D・J・ティース〔2019〕『D・J・ティース ダイナミック・ケイパビリティの企業理論』〔菊澤研宗・橋本倫明・姜理恵訳〕中央経済社）

＊64　Teece (2007).

が考える自律分散的な全員経営や、トップの理想と現場の現実の矛盾をミドルが連結点となってバランスさせる「ミドルアップダウン」プロセスは想定されていない。

また、ダイナミック・ケイパビリティのプロセスは事業機会の感知から始まるが、感知するものを三人称で客観的に対象化しようとしている。先述したように、知識創造理論における最初のプロセスは、人、モノ、環境への無意識の全人的共感から始まる。主観的に身体を伴う直接体験をしたり、相手の立場に立ったりして暗黙知を獲得・共有する。そこから、二人称で意識的に意味や価値を共創することが、知の創造プロセスの起点だ。

ダイナミック・ケイパビリティの課題は、意味や価値を問う「哲学」を理論に組み込むことができていない点にある。ティースは、経営戦略論において最も根本的な問いは「企業が生み出すキャッシュフローの固有の源泉とは何か」であるとする。[*65] われわれの知識創造理論における根本的な問いは、「われわれはなぜ存在するのか」という哲学的問いの追究そのものだ。

日本企業を考察したティースは、日本企業は「物事を正しく行う（Doing things "right"）」というオーディナリー・ケイパビリティが強みであり、ダイナミック・ケイパビリティの特徴である「正しいことを行う（Doing the "right" things）」という点が比較的弱い、と批評している。[*66]

しかし、知識創造理論は「正しさ（right）」、つまり、絶対解を問題にしない。正解が見えない変化する状況のなかでは、ダイナミックに動く「いま・ここ」で本質を見極め、「より善い」目的（共通善）に向かって、集合的な共通了解となる最適解を追求・実践し続けることのほうが重要だからである。

ダイナミック・ケイパビリティを、ルーティン（組織に埋め込まれた繰り返される行動パターン）が発展したものとして理解する学派もある。[*67] 現場レベルの漸進的な進化を促す「オペレーションルーティン」と、それらルーティンを変化させて組み合わせ続ける「高次のルーティン」があり、後者をダイナミック・ケイパビリティと位置づけている。

ルーティン派のなかには、シンプルルールという考え方がある。[*68] 変化が激しい環境下では、数を絞ったシンプルなルールを組織にルーティンのように徹底させ、人々の判断基準としたほうが、複雑なルールを持つより、企業は競争優位に立ちやすくなるというものである。

つまり、細かくルーティン化するよりは、意思決定のルール、行動規範や優先順位を限られた大枠だけにして徹底したほうが、予想外の状況に柔軟に対応しうる。ティースがトップマネジメ

＊65　Teece, D.J. (2014), The Foundations of Enterprise Performance: Dynamic and Ordinary Capabilities in an (Economic) Theory of the Firms, *Academy of Management Perspectives* 28(4): 328-352.
＊66　Teece, D.J. (2021), Solving Japan's Productivity Dilemma: Strengthening Dynamic Capabilities in Domestic Firms, *Kindai Management Review*.
＊67　入山章栄（２０１９）『世界標準の経営理論』ダイヤモンド社。
＊68　Eisenhardt, K.M. and J.A.Martin (2000), Dynamic Capabilities: What are They?, *Strategic Management Journal* 21 (10/11):1105-1121.

ントチームなど、少数の個人がダイナミック・ケイパビリティを推進する、と考えるのに対して、アイゼンハートらは、組織のルーティンとして埋め込むことを強調している。

われわれの考えは、ティースとアイゼンハートらの主張の双方を含んでおり、綜合したものである。「より善い」目的の追求やその実現のために組織で共有された行動規範は、実践を通じて組織を形づくる「型」となり「制度化」される。

知の型とは、変化する状況のなかで文脈を読み、判断し、行為につなげるための思考・行動様式のエッセンスであり、現実からのフィードバックによる自己革新プロセスが組み込まれている。創造的でダイナミックな組織ルーティン、型として、われわれは「クリエイティブ・ルーティン」と名づけている。[*69]

経営学者の入山章栄は、ダイナミック・ケイパビリティは未だ理論といえないものの、企業変化を説明する理論として今後さらに重要性が増すだろうと述べる。[*70] 同じバークレー派といえるヘンリー・チェスブロウが中国の国家戦略をオープン・イノベーションによって説明したように、オープン・イノベーションやダイナミック・ケイパビリティは、国家戦略を説明するための重要な理論となりうるだろう。

両利きの経営

野中のＵＣバークレー校ハーススビジネススクール博士課程の後輩でもある経営学者チャール

ズ・オライリーⅢ世とマイケル・タッシュマンは、「両利きの経営」を打ち出してきた。日本における「両利き」ブームは最近であるが、オライリーが最初に論文を書いたのは1996年である。

彼らは、不確実な時代においていかにイノベーションのジレンマを克服するかという問題意識から、漸進的な進化と非連続の革新を同時に両立させることを主張するとともに、文化のマネジメントの重要性を訴えている。

事業ポートフォリオと組織能力を既存と新規という両軸で整理し、いかに組織を進化させるかについて議論している。[*71]「両利きの経営」は、「知の探索」と「知の深化」という二兎を追う戦略で未来を切り拓くことを意図している。[*72]探索とは、既存の認知の範囲を超えて、遠くに認知を広げていこうとする行為であり、深化とは既存の一定分野の知を継続して深掘りして磨いていく行為だ。具体的には、既存事業の深掘りと新規事業の探索の両立だ。

＊69 Ikujiro Nonaka, Ryoko Toyama, and Toru Hirata (2008), *Managing Flow: A Process Theory of the Knowledge-Based Firm*, Palgrave Macmillan.
＊70 入山（2019）。
＊71 加藤雅則、チャールズ・A・オライリー、ウリケ・シェーデ（2020）『両利きの組織をつくる――大企業病を打破する「攻めと守りの経営」』英治出版。
＊72 チャールズ・A・オライリー、マイケル・L・タッシュマン（2019）『両利きの経営――「二兎を追う」戦略が未来を切り拓く』（入山章栄監訳、渡部典子訳）東洋経済新報社。

この探索と深化は、カーネギー学派が提示してきたものをジェームズ・マーチが1991年の論文で包括した概念としてまとめたものに由来する。[*73] 成功の罠に陥って、知の深化に偏ってしまうことを避けるために、探索と深化をバランスさせる「両利き」という考えが示された。

ポーター理論は、産業組織論の因果関係（構造―遂行―業績）にもとづいて、ファイブ・フォースというフレームワークにまで落とし込んでいる。経済学に立脚しているポーター理論に弱点があるとすれば、「人間は合理的で認知バイアスには影響されない」という前提に立っており、人間の認知面に入り込んでいないことである。このような戦略論では人間は登場せず、組織やビジネスモデルの構造そのものを問題にしており、行為主体を企業の競争優位の源泉としていない。

戦略論の多くは経済学から派生しており、いずれの理論も確率や統計を軸とした合理性にもとづいて戦略の中身を組み立てることに注目してきた歴史があるのである。

一方、動態経営論におけるダイナミック・ケイパビリティ、オープン・イノベーション、そして両利きの経営は、自ら変革を創造することを志向する点、そして人間を中心に据えている点で共通しているのである。

*73　入山（2019）。

第2章

二項動態経営の実践

Dynamic Duality

第1章では、組織的知識創造と二項動態の関係性について述べ、次に二項動態の定義について議論した。さらにアリストテレス哲学、フッサール現象学およびプラグマティズムを参照して二項動態の哲学的基盤について論考し、最後に動態経営論の潮流についても紹介した。

第2章では、経営における二項動態実践を支える組織基盤について、事例をもとに議論し、またその方法論について詳述する。

1 ― 二項動態経営を可能にする組織基盤

二項動態を方向づける共通善としてのパーパス

共通善は、「われわれはなぜ存在するのか」という Why を示す。近視眼的ではない、世のため・人のためという利他の精神に貫かれた志が、人々を鼓舞し一枚岩にする。共通善はトップからフロントのメンバー間に共有された、共通の判断基準となり、その実践を正当化する。

二項動態が向かう先にあるのは共通善であるが、現実の只中で組織を方向づけ、意思決定や行動の指針となるのが、存在意義・存在目的を表したパーパスである。ブロードウェイのミュージカルの多くは、「自分は〇〇を求めている」という歌で始まり、その「求めるもの」が物語の安定基盤になるという。[*1]

パーパスは、「生き方」に関する問いを、日々、自らの組織、メンバーに厳しく課すことになる。パーパスは自組織をストレッチさせるような共通善、大義を志向するものであるべきだが、同時に現場・現実・現物の只中で実践的に追い求めなければならない。

オープン・イノベーションのために多様で異質な知が必要となる時代、パーパスは組織外のステークホルダーの共感も呼び起こし、意味や価値で結びつけられた強固な関係性をつくる。壮大なパーパスを追求していくことは、関係者すべてを束ね、動機づけるのである。

○自己革新を意味づける――清水建設

長い歴史を持ついわゆる「JTC」といわれがちな大手企業も、パーパスを自己変革の原動力とすることがある。

大手ゼネコンである清水建設は創業220周年にあたる2024年4月、イノベーションと人財育成の拠点となる「温故創新の森 NOVARE」をグランドオープンした。NOVAREとは、ラテン語の動詞で「創作する、新しくする」の意である。この施設の中庭には、同社の二代清水喜助が手掛けた旧渋沢邸も、青森県六戸町から移築された。

*1　クリストファー・ボグラー、ディビッド・マッケナ（2022）『面白い物語の法則――強い物語とキャラを作れるハリウッド式創作術（上）』（府川由美恵訳）角川新書、50頁。

ＮＯＶＡＲＥは事業構造、技術、人財の３つのイノベーションを強力に推進し、それぞれの融合と社会とのコミュニケーションを図る場である。創業２２０年を迎えるにあたり、社長の井上和幸によると、「50年先、１００年先の会社を支える人財をここで育てる」場をめざしている。[*2]

清水建設は２０３０年を見据えた長期ビジョン「SHIMZ VISION 2030」において、時代を先取りする価値を創造する「スマートイノベーションカンパニー」をめざす姿に掲げている。また、同社の相談役であった渋沢栄一の教えである「論語と算盤」を２０１９年5月から社是としている。

井上は次のように語っている。「『論語と算盤』は２０１８年までは社の経営の基本理念という位置づけだったのですが、われわれがリニア中央新幹線をめぐる談合事件を起こしてしまった。そのときによく考え、もう一度、原点に戻らなければと、基本理念より上位の社是に格上げしたんです。公益第一、私利第二、ルールを逸脱して得た富は絶対に長続きしないと」。まさに、伝統と革新を相互作用させ、新たな価値を創造することをめざす「温故創新」である。

新しくパーパスとなった「超建設」は、創業以来の２２０年間、事業目的だった「建設」を、顧客や地域、社会が持っている本質的なニーズを掘り下げ、ともに解決し、成長を実現する手段として考える、というマインドセットを表している。新たな価値を創造するために、従業員を方向づけ、意識を変えていくための旗印になっている。超建設は一部の部門や従業員で達成できるものではなく、期待を超える価値を提供するために、井上は「心にちょっとした＋（プラス）を意識し、未来への挑戦を続けてほしい」と語る。

価値創造の取り組みは、収益にも反映されている。井上が社長に就任したのは２０１６年４月期であるが、直前の２０１６年３月期の売上高は１兆５６７４億円であったが、２０２４年３月期には2兆55億円にまで拡大した。

清水建設にとって超建設の実践は、二項を単に両立して共存させて、同時に事を進めるということではない。建築、土木、エンジニアリングの現場でも超建設の実践は進む。旧渋沢邸「中の家」補強・改修工事における歴史的価値の伝承、日本一の高さとなる超々高層建築「Torch Tower」の高難度工事や新東名高速道路新設工事におけるＩＣＴ活用による業界先行事例づくりなどである。超建設の活動の一つである離島のプロジェクトでは、何日も泊まり込んでその土地の人たちと時間を過ごし、潜在的な思いを、五感を駆使して感じることから始めている。それは清水建設の新たな「生き方」を体現するものであり、本業の建設業の進化にもつながっていく。

現場・現実・現物の只中で本質をつかみ、モノとコトを綜合する地域のありようを、その土地の人たちと共創し、コミュニティビルディングを実現していくことが超建設のめざす姿なのだ。

＊2　「野中郁次郎の経営の本質　清水建設　代表取締役社長　井上和幸」『Works』２０２３年10月10日（https://www.works-i.com/works/series/management/detail014.html）。

○旗印にして社員を束ねる――日立製作所

日立製作所（以下、日立）は、国内製造業で過去最大の赤字からV字回復を果たした。元会長の川村隆、前会長の中西宏明の経営改革によって業績を回復した後、経営のバトンを受け取った現会長の東原敏昭は、大企業病にメスを入れた。

日立は、絶えずWhyを問いながら自己変革を続けるために、経済価値と環境・社会価値を対立させるのではなく、ダイナミックに共創させることに挑んでいる。日立は、「社会イノベーション事業」をシングルパーパス（日立の唯一の存在価値）と定め、データとテクノロジーでサステナブルな社会の実現をめざす。日立は、社会イノベーション事業を通して環境・社会価値の創出をめざすと同時に、売り上げや利益などの経済価値も追求している。２００７年３月期から２０１０年３月期まで、４期連続で赤字に陥り、２００９年３月期には７８７３億円の当期純損失を計上した。その後の変革により、２０２４年３月期には当期純利益が５８９８億円にまで回復した。

東原は、シングルパーパスのもと、モノ（製品）とコト（サービス）を綜合するサービスであるLumada（ルマーダ）事業を始めた。Lumadaは、「顧客データから価値を創出し、デジタルイノベーションを加速するための、日立の先進的なデジタル技術を活用したソリューション／サービス／テクノロジーの総称」である。

ＧＥやシーメンスは、ＩoＴ（モノのインターネット）プラットフォームを軸にして、参加企業が増えることで、機能が増え、利便性を向上する仕組みを展開している。一方の日立は、Lumada

で、顧客1社1社の課題に合わせたオーダーメイドのソリューションを提供するアプローチを選択したのである。

日立総合計画研究所会長の鈴木教洋は、「SECIモデルと日立のLumadaには共通性がある。Lumadaでは、まずお客さまの課題を理解して、日立が持つIT×OT×プロダクトで解決方法を創出・実装し、運用・保守をしながら次の課題に取り組んでいくという、持続的な価値創造のサイクルをめざしている。そこで一番の肝となるのが、お客さまと一緒に、課題について議論したり、解決方法を模索したりするプロセスであり、そのための『場』として、中央研究所内（東京都国分寺市）に『協創の森』が設立された。これはまさに、SECIモデルの起点となる共同化を行う場といえる」と語る。[*3]

Lumadaは、先述した日立のパーパスである「社会イノベーション事業」を組織一丸となってめざすための旗印である。[*4] 社会イノベーション事業とは、社会インフラ分野において日立の技術やソリューションを用いて効率性や利便性を高め、人々の生活の質を向上する事業である。

＊3　日立総合計画研究所ウェブサイト「第56回　日立総研創立50周年記念　新しい価値を創造する自己変革組織の在り方」2024年1月（https://www.hitachi-hri.com/reciprocal/i056.html）。

＊4　東原敏昭（2023）『日立の壁——現場力で「大企業」に立ち向かい、世界に打って出た改革の記録』東洋経済新報社。

Lumadaは、さまざまな事業を持つコングロマリットである日立に蓄積されてきた人財、技術、ノウハウ、経験、データを「One Hitachi」で総結集し、顧客とも協創することをめざしている。創業110年超の歴史で蓄積されてきた「いいものをつくれば売れる」という文化を自己超越し、モノとコト、アナログとデジタルなど、二項動態でBU（ビジネスユニット）の垣根を越え、顧客やパートナーとともに新しいソリューションを創造するプラットフォームとしての価値が、Lumadaの本質なのだ。それは「コングロマリット・ディスカウント」への挑戦でもある。

小島啓二社長は、「日本型コングロマリットだったときから、『変わり続ける』というのは日立という会社の本質だ」と語る。

○内発的に動機づける――ソニーグループ

ソニーは、2012年3月期に4500億円を超える連結赤字を記録した。屋台骨であるエレクトロニクス事業が低迷したが、その後、2024年3月期には1兆2000億円を越える過去最高の営業利益となり、2024年には時価総額も15兆円の大復活を遂げた。

新事業や商品・サービスの「創造」と、リストラや撤退などの「破壊」の二項動態経営をやり切り、ソニー再生の立役者となった前CEOの平井一夫は、「KANDO（感動）」というソニーの存在意義を示し、再生の象徴とした。

平井は、まずソニーの設立趣意書を何度も読み込んで考え抜いた。さらに、第一線でがんばる社員たちと幾度となく対話するなかで誰かが発した「感動」という言葉を聞き逃さず、多様なビジネスを抱えるソニー全体の進むべき道を「KANDO」というコンセプトに集約した。そして、何度も繰り返し語りかけた。全世界を回って70回以上タウンホールミーティングを行い、その意味するところをその場その場で対話し、一人ひとりの社員に腹落ちさせていった。[*5]

「IQよりEQ（心の知能指数）」を重視した平井は、トップとしての自らの行動を通して、覚悟と本気度を社員に示した。人間として人格をリスペクトし、感動してもらうことによって、頭で理解できるロジックではなく、人の思いや感性に訴えた。内発的動機づけである。[*6]

「KANDO」は縦割りになっていたビジネスを意味のネットワークで結びつけ、組織の壁を越えたスクラムを促し、新しいビジネスを創造した。経営活動は、人間によって動かされるものである。その集合体である組織が示す「なぜ存在するのか」というありかたは、メンバー一人ひとりの生き方や価値観と相互に作用し、共鳴しながら、経営活動全体に投影されていく。

人は「目的的」な存在であり、経済学の仮定するような単なる選好や合理性を超えて、夢や理想の実現のために行動する存在である。[*7]パーパス経営が流行りであるが、平井は、単なるスロー

＊5　平井一夫（2021）『ソニー再生――変革を成し遂げた「異端のリーダーシップ」』日本経済新聞出版。
＊6　エドワード・L・デシ、リチャード・フラスト（1999）『人を伸ばす力――内発と自律のすすめ』（桜井茂男監訳）新曜社。

ガンで終わってしまうような表層的な美しい言葉を並べてパーパスを示しただけでは、結局何も変わらないことを見抜いていたのである。

○パーパスを進化させ、次の自己変革を駆動する——エーザイ

二項動態経営を行う企業は、外部環境の変化に対応して、パーパスとしてのめざすべき共通善をアップデートし、それを実践し、同時に相互作用を通じて、環境を自ら創造していくことで、自己革新を遂げている。

エーザイは、企業理念を定款に定め、社会的使命の追求と株主価値向上の二項動態経営を宣言している。現ＣＥＯの内藤晴夫はトップに就任すると、１９９２年に「ヒューマン・ヘルスケア（ｈｈｃ）」という企業理念を定めた。当時、病院や医者が顧客とされていた製薬企業にとって画期的な内容だった。

２００５年には、会社の定款に「本会社の使命は、患者様満足の増大であり、その結果として売り上げ、利益がもたらされ、この使命と結果の順序を重要と考える」という文言を盛り込むことが株主総会で承認された。患者とその家族の満足を追求していけば業績は後からついてくるということを社内外に宣言し、コミットしたのである。社員が共同化に就労時間の１％を費やすことを先述したが、その根底にあるのは、エーザイの存在目的は何かを明確に定めたｈｈｃという企業理念であり、共同化を行う社員の道程を照らしている。

存在意義や存在目的となる共通善は、一度策定したらそれで終わりではない。時代や環境は変わるから当然の話だ。自ら自己変革する主体として、パーパスそのものを革新し続けることも重要だ。

エーザイは、2022年に定款の一部変更を発表した。大きな変更は、hhc理念の主役を「患者とそのご家族」から「患者と生活者の皆様」へと拡大したことだ。その理由を、患者と生活者のさらなる満足の増大に向けて、他産業との連携を強化し、社会善を通じて人々の全生涯を支える企業へと進化するためである、と述べている。

hhcによって貢献する対象を、病気に苦しむ患者とその家族から「日常と医療の領域で生活する人々」へと広げ、さらに彼・彼女たちが人生を「生ききる」ために、他社ともスクラムを組んで全力で支える、との覚悟を力強く示す文面である。

定款に盛り込むことは、別の意味もある。敵対的買収を防ぐ効果である。株主総会での承認で定められる定款は、株主も当然コミットしなければならず、企業理念としてのhhcに反するような事業を行うことは決してできないからである。

定款変更前の2005年3月期には、売上高が5330億円、当期純利益は555億円であっ

＊7　Rescher, N. (2003) *Rationality in Pragmatic Perspective*, Edwin Mellen Press.

た。2024年3月期には売上高が7417億円、当期純利益が424億円となっている。売上高は増加しているものの、当期純利益が低下している理由の一つに多額の研究開発投資がある。

エーザイは、医薬品開発のためには研究開発投資が必要だが、投資を行った時点で費用計上され、短期的には利益が減少する。このため、エーザイでは、利益よりも株式時価総額で経済的価値の成果を判断することが適切であろう。2005年の時価総額は1兆円前後であったが、2024年には1・5兆円を超えている。社会的使命の追求とその結果としての株主価値向上という二項動態経営を実践し、その経営に株主も共感していることを意味している。

二項動態にカオスとゆらぎをもたらす場・スクラム

二項動態において、ブレークスルーをもたらすイノベーションの種（アイデアやコンセプト）が生まれるかどうかは、忖度や妥協を許さない知的格闘（コンバット）とも呼ぶべき率直な対話ができるかどうかにかかっている。現象学の重要概念で、受動的相互主観性、能動的相互主観性を経て成人における「我－汝」関係について先に説明したが、無心となって、全身全霊でぶつかり合い、相互に無我の境地になったときに、ともに直観できる本質がある。共感が基盤となった葛藤や摩擦は、人間の創造性を刺激する。

日本人は、「阿吽《あうん》の呼吸」「啐啄《そったく》同時」という言葉があるように、欧米の方たちよりも暗黙知を活かす能力は高いのではないか。先述したように「空気を読みすぎて思考停止」してはならない。

一人ひとり、持っている思いや主観は異なる。その異なる主観を持つ個人と個人が、全身全霊で知的にぶつかり合って、「われわれの主観（相互主観性）」を醸成することが重要だ。それは、共感と対話による自在な意味づけ、集合的に本質直観する場で可能となる。

相手を対象化し、言語を通して相互理解する段階を超えて、無我夢中で相手と一心体になって、自我を超えて「こうとしか言えない」という関係性をつくることから新たな意味や価値は生まれる。これは、ブレストなどのレベルで簡単にできる代物ではない。

組織には慣性が働き、絶えず攻めより守りを優先する官僚主義の方向に向かう。過剰計画、過剰分析、過剰規制は、その作用を強化し、前例主義や内向き思考を生む。閉鎖的で固定化された組織では、創造性、したたかさ、野性味が劣化してしまい、イノベーションは起こせない。

だからこそ、多様な知を組織内に内包して、意図的に組織の壁や地位・立場によるヒエラルキーを壊し、摩擦を起こし、葛藤する場を整備するのである。お互いが全身全霊で相手に共感するとともに、その異質性をぶつけ合い、お互いを活かしつつ、新たな知を共創する。組織に意図的にカオスや不安定性をつくり出し、創造性を高めるダイナミックバランスを目指す。

先述したように、ソフトウェア開発から組織変革にまで広がりを見せている手法「スクラム」の理論的基盤となった論文“The New New Product Development Game”でも、不安定さ（instability）を内在させると創造性を触発することが実証されている。創造的カオスやゆらぎは組織を進化させるのである。異なる強み、バックグラウンドを持つ人材の多様性が、アイデアやコンセプトの多様性、事業の多様性につながる。重要なのは、共感はするが、忖度したり妥協したりする仲良しクラブではなく、知的コンバットの場があることだ。

知的コンバットにおいては、暗黙的に直観した本質を言語化する能力も問われる。直観した本質を錬磨し、妥協なく洗練していくことがコンセプトを生み出すからである。日頃から、自分と謙虚に向き合い、深く内省することによって、「新たな意味の相互作用」という新時代の知の創造プロセスに挑戦できる。

主観と主観のぶつかり合いから、「われわれの主観」を生み出すことを「集合本質直観」と呼ぶ。これは、共感を媒介にした知的コンバットによる、「われわれ」と「主観」という一見相反する二項のダイナミックな綜合による集団における本質直観の作法であり、メタ認知を鍛えることができる。

組織の枠を超えた共創、協働、あるいは組織間で統合するM&Aなどは異質な知の綜合であり、新たな知の体系をつくることである。ここでいう知には、もちろん、暗黙知も含まれる。われわれはなぜ存在するのか、という存在目的を達成するために、どんな知の体系が必要であるか、イノベーティブな企業経営者は構想できている。

ホンダの社長の三部敏宏も、「技術のコアコンピタンスを活用する舞台はさまざまな領域に広がっている。そこには、これまで培ってきた技術、ノウハウ、基礎技術、コア技術すべてが活かせる。2026年、5度目のF1再挑戦。これも、脱エンジンを掲げるホンダにとって意味があるから挑むことである」と語っている。[*8]

また、EV（電気自動車）の車載電池について、川上川下を循環するバリューチェーンを、提携を通じて築こうとしている。フォードやBMWなど競合相手とも、電力ネットサービスを提供する新会社を設立し協調する。知の体系が存在目的を問うことから派生しているからこそ、何をやって、何をやらないいか、さらに誰とスクラムを組むのかという意思決定もできる。

重要なのは、知が人の生き方にもとづいているということだ。先述したように、知の源泉は、全身で直観する暗黙知だ。形式知だけを組み合わせても審美的な製品も事業も生まれない。社内に人材や事業の種がなければ、オープンに社外とスクラムを組んでいくのである。知の体系が豊かになるかどうかは、関係性の暗黙的な質量を充実させられるかどうかにかかっている。意味のつながりに還元していけるかどうかが重要だ。

ラグビーワールドカップ2019組織委員会は、産官民出身者と国際統括団体（ワールドラグビー）、そして約1万3000人のボランティアという多様な人々が連携、協働し、試行錯誤しながら大会を成功に導いた。

＊8　野中郁次郎による三部敏宏へのインタビュー、2023年8月29日。

2024年2月に打ち上げが成功した大型の基幹ロケットであるH3ロケットのプロジェクトは、ネジ、バネ、素材に至るまで日本の機械、素材、化学、電機などの高度技術を持つ企業が総結集した。打ち上げ失敗を経てなお、不屈の挑戦を続けた成果である。集合的な「実践知」創造の生き方を、さまざまな取り組みに見出すことができる。

価値や質を問わなければ、イノベーションは生まれない。経営とは、未来をつくる意味創造に向かう人々が、環境変化に応じてともに織りなす営為であり、集合的な「生き方」が投影される。二項動態経営では、観念論で相手を倒すのではなく、異なる主観や思い、能力を持つ者同士が妥協なくぶつかり合って、暗黙知を源泉とする新たな知の創造、イノベーションを起こしていく。動いていく現実の只中で、妥協なき葛藤から、「こうとしか言いようのない」という「その都度の最善（より善い）」を無限に追求する。ときには「清濁あわせ呑んで」政治力も発揮して、実行にこだわる。それは、試行錯誤しながらともに前進していく創造原理としての生き方であり、二項動態による集合「実践知」創造なのである。

異質性を組織内部に取り込むことは、デジタルツールの発達によって生じているエコーチェンバー現象、フィルターバブルなどが引き起こしている内向き思考、現実逃避や同調圧力を脱却する契機にもなるのである。

○創造への渇望を刺激する知的コンバット――ホンダのワイガヤ

２０２１年４月に社長に就任した三部であるが、２０２４年３月期には過去最高の売上高２兆円、営業利益１兆３８１９億円、当期純利益１兆１０７１億円を記録した。

三部は、「脱エンジン」を掲げ、組織改革に機動的に取り組んでいるが、彼はコロナ禍以前から弱まっていたワイガヤ文化を復活させた。三部は、技術を生み出すのはあくまで「人」であると考えている。研究所出身で、幾度も「山籠り」というワイガヤを経験した三部には、強い個性を持つ者同士が共鳴して生まれる「相互主観性」の構築から新しい革新が生まれてきたという成功体験がある。本質的議論が深まり、驚くようなアイデアが生まれる共通体験は、人と人との関係性を深め、同じ目標に向かう一体感を醸成するということを知っているのである。*9

大きな改革では、社内外の抵抗勢力との軋轢が生まれる。衝突、緊張関係のなかでも、逃げずに成人の「我－汝」関係を構築すれば、二項動態は可能になる。

「心理的安全性」は共感によって担保されうる。居心地が良いだけでは、創造への渇望は生まれない。だからこそ、全人的に相互に共感する関係を媒介にして、メンバーをストレッチさせる知的コンバットのような厳しい場が必要だ。人々の潜在的に眠っている可能性を相互に引き出す場

＊9　本田技研工業統合報告書「HONDA Report 2022」22頁（https://global.honda/jp/sustainability/integratedreport/pdf/Honda_Report_2022-jp-all-m.pdf）。

であるからだ。

○「いま・ここ・私だけ」と「いつでも・どこでも・誰でも」を綜合する——セブン－イレブン・ジャパン

セブン－イレブン・ジャパン（以下、セブン）は、創設者の鈴木敏文（現・セブン＆アイ・ホールディングス名誉顧問）が、アメリカのコンビニエンスストアを50年前に日本に持ち込み、独自の進化を遂げ、いまや国内で最多の約2万1000店まで増えている。90年以上前にアメリカで生まれたモデルであるが、セブン－イレブンという看板（商標）、加盟店との利益分配方式などはアメリカの方式を踏襲した。

しかし、大型店全盛の時代に小規模の商店が成り立つのか、業態転換して加盟店になる小売店は店舗が狭く、在庫を多く持てない、などという日本独特の文脈との葛藤があった。そのジレンマを克服したのが、「共同配送」「チームＭＤ」「単品管理」など、新たに創造された仕組みである。[*10]

鈴木が生み出したコンセプトに「仮説・検証」がある。顧客に聞いても言葉にできない、潜在的な顧客のニーズを考えるのが仮説である。[*11] 単品管理は、販売や廃棄数、売り切れ時間というデータとともに、店舗の立地や特徴、その日の天気や周囲の行事といった環境を把握し、売れ筋の仮説を立てる。仮説と売れ行きを突き合わせ、「なぜ売れて、なぜ売れなかったか」を商品ごとに日々検証するという手法だ。

仮説・検証によって顧客が求める売れ筋商品を常に揃え、死に筋を排除し、機会損失と廃棄損失を徹底して極小化できる。この仮説・検証をトップや本部の社員はもちろん、現場店舗で商品を発注するパートやアルバイトまでもが日々実践し、自ら顧客の立場に立って「明日の売れ筋商品」を考え続けるという組織の創造的な行動規範となっている。

現場の直接体験から生成した仮説をPOSで検証するのが、セブンの「仮説・検証」だ。POSシステムについて誤解されやすいのは、POSが出した売り上げランキングの結果をもとに発注するものと考えられている点である。「POSが示すのは『昨日の顧客』データであって、『明日の顧客』データではない。『明日の顧客』ニーズ、明日の売れ筋は、あくまで人間が仮説を立てて探るものであり、POSは基本的に仮説が正しかったかどうかを検証し、次の仮説へとつなげていくためのもの」だと鈴木は語っている。[*12]

先述したように、セブンのチームMDでは、食品分野ごとに、素材、製造から包材まで、異業

＊10　セブン-イレブン・ジャパンのウェブサイト「沿革」(https://www.sej.co.jp/company/enkaku.html)、鷲尾龍一「米国生まれセブン-イレブンの進化、『黒船』の生存術」日経ビジネス電子版、2023年8月25日 (https://business.nikkei.com/atcl/gen/19/00572/080900002/)。
＊11　勝見明（2005）『セブン-イレブンの「16歳からの経営学」——鈴木敏文が教える「ほんとう」の仕事』宝島社。
＊12　勝見（2005）。

種の協力メーカーとチームを結成し、新商品開発に取り組む。商品開発のプロセスとして、たとえばおにぎりの新商品開発であれば、まずはＭＤチームメンバー全員で実際に人気のおにぎり屋に出向き、おにぎりを、五感を使って味わう。そして、なぜ、何が、どうおいしいのか、侃々諤々メンバーで語り合い、仮説を生成して商品開発につなげる。何度も試食を重ねて出来上がった商品は店舗に並び、売れるかどうか実際に検証されることになる。

ところが、コロナ禍でこうした現場での直接体験の機会が減ってしまった。きれいに算出されたデータを見ながら、オンラインで議論を重ねることが多くなったために、地に足のついた本質的な議論ができないこともあった。そこで、チームＭＤは、現場で人間が仮説を生成するということに立ち返ることにした。

登場したのが、会社が用意した7～8人乗りのワゴン「ＭＲ（マーケティング・リサーチ）－Ｃａｒ」である。ＭＤチームメンバーは、ＭＲ－Ｃａｒで人気の売り場や新たな取り組みに挑戦する自社の競合店舗に赴く。申請すればいつでも使えるＭＲ－Ｃａｒだが、チームで現場に出かける際の利用が前提になっている。このＭＲ－Ｃａｒでいくつもの自社店舗を訪れ、消費者がどのように商品を手に取るのかもチームメンバーが現場で感じ取っている。

現場に行って五感で感じる質感は、人によって異なる。その感じ方の違いについてＭＲ－Ｃａｒの車内ですぐにメンバー全員で共有し、意見をぶつけ合う。何でも自由に話すのが基本だ。会社に戻ってからも食べながら、ああでもない、こうでもないとやり合うと、次の仮説が自然にみんなで出来上がってくるのである。[*13]

異業種のメンバーで「いま・ここ」を歩いて感じ、知的コンバットで仮説を生成することは、チームMDのDNAとなっている。多様性を真に活かすには、数を集めればよいのではなく、多様な知が遠慮なくぶつかり合うスクラムを組むことでしか達成できない。[*14]

その一方で、店舗の販売データやSNS上の顧客の反応の分析にAIを活用し、仮説の検証も進めている。現場での「いま・ここ・私だけ」の仮説生成と、システムによる「いつでも・どこでも・誰でも」の仮説検証を、異質なメンバー間の知的コンバットによって機動的に綜合している。

○共創と競争を綜合するチームMD——セブン&アイ・ホールディングス[*15]

セブン&アイ・ホールディングスは、2024年2月期においてグループの営業収益が11兆4717億円、連結で総従業員数は15万7177人（2024年2月末）という規模を誇る。また営業利益5342億円という過去最高益を達成した。日本をはじめ、世界19の国と地域にコンビニ

＊13　セブン-イレブン・ジャパン執行役員・商品本部長の羽石奈緒氏へのインタビュー。
＊14　野中郁次郎・川田英樹編著（2023）『世界を驚かせたスクラム経営——ラグビーワールドカップ2019組織委員会の挑戦』日本経済新聞出版。

エンスストアやスーパーストア、百貨店、専門店などを展開する多様な業態・ブランドを有するグループ企業である。

セブンプレミアムは、総アイテム数は約３５００アイテムにのぼり、年間売り上げは１兆３８００億円（ともに２０２２年２月期）である。１００年続くブランドをめざすセブンプレミアムは、２００７年に49アイテムから出発し、グループを挙げて取り組んでいるプライベートブランドだ。コンビニエンスストア（ＣＶＳ）、スーパーマーケット（ＳＭ）、総合スーパー（ＧＭＳ）、百貨店と、複数の業態で同じ商品、同じ価格で売るという点で他に例を見ない。この商品開発力は、もともと取引先と協力してチームマーチャンダイジング（チームＭＤ）を行うセブン‐イレブン・ジャパンの開発プロセスを発展させて培われた。

チームＭＤの基盤となっているのが、１９７９年に結成された日本デリカフーズ協同組合（ＮＤＦ）である。運営企業には大手食品メーカー（味の素、東洋水産、フジパン、ハウス食品、森永乳業、プリマハム、伊藤ハム、日本ハムなど）90社以上が参加し、セブン‐イレブンに商品を供給しているという。サプライヤーである彼らは、セブン‐イレブンのマーチャンダイザーとチームとなり、組織を超えて商品開発を推進する。競合関係にありながらも、セブンの商品であれば、ともに入れ、つくり、物流で協力する。組合のなかで、競争と共創を行うのである。

現在、彼らはおにぎり、サンドイッチなどの細かなカテゴリーごとに毎週集まって、商品開発のための知的コンバットを繰り広げている。たとえ競合企業に手の内を明かすことになっても、相互に知識を持ち寄り、商品開発に成功するためにしのぎを削る場となっている。

常務執行役員の石橋誠一郎が、「一品一品の飽くなき磨き込み」と語るように、利害が対立する多様な関係者が試行錯誤をしながら、妥協なく良いものをつくることをめざす。「もっといいもの」をつくるために、忌憚のない議論が行われ、いいものができればレシピも含めて知見を惜しみなく共有する。もちろん、セブンが持つ豊富な顧客情報や、安定した需要は魅力的であるが、そのメリットを超えた取り組みだ。

原点は、アメリカからコンビニエンスストアを日本に導入した鈴木敏文の教えだという。彼は、アメリカのモノマネではなく、商品の品質こそが競争優位性の源泉だと見抜き、日本型のコンビニを発展させた。だからこそ、早期に協同組合というともに成長できる場をつくったのだ。

参加しているサプライヤーやセブンとの間に資本関係はないが、厳しい競争原理を働かせながら、共創し、ともに発展するスクラム型の二項動態経営である。DNAとして、良い新商品をつくることが、組織の一人ひとりに身体化しているからこそ、コロナ禍でも知的コンバットを続け、

*15　2024年8月、セブン&アイ・ホールディングスは、アリマンタシォン・クシュタールの買収提案を受けた。この提案を受けて、セブン&アイ・ホールディングスはコンビニエンスストア事業と他の事業に分割することを計画している。自己変革を迫る新たな課題、ジレンマに直面していると言える。お客様、取引先、株主、地域社会、社員に信頼される、誠実な企業でありたい、という経営理念をいかなる形で実現していくかという底力が問われている。

次々と新商品が世に送り出せている。

○越境と連携で自己超越する――ソニーグループ

何度も自己変革を遂げ、不死鳥のように復活してきたソニーであるが、現社長の十時裕樹は、全社員に「バウンダリースパナー（越境者、異なる組織の間のコミュニケーションや協力を促進する個人）たれ」「ソニーのポテンシャルを解き放って欲しい」と呼びかけている。2024年度からの中期経営計画のテーマは、「境界を越えた挑戦」にすると宣言して、組織の境界や先入観にとらわれず果敢にチャレンジせよと促している。売上高が最も大きいゲームを筆頭に音楽や映画、家電など多様な事業をいかに掛け合わせ、市場を生み出すかが、今後のソニーの成長を決定づけると考えているからである。[*16]

十時社長にとってバウンダリースパナーのロールモデルは、エレクトロニクスを軸に、音楽や映画、金融へと事業を広げ、国境を越えて展開した盛田昭夫である。平井、吉田憲一郎の復活劇の後を継いだ十時社長は、慢心を嫌い、事業の多様性が変化を生み出し、成長につながると考えている。

たとえば、音楽とゲームの二項動態も進んでいる。ソニー系の音楽会社に所属するバンドのメンバーが、家庭用ゲーム機のプレイステーション（PS）のために新曲を書き、販促ポスターでゲームのキャラクターに扮するというコラボレーションを行うことで、重なっていなかったバンドのファン層とゲームのファン層が浸透し合う効果が出ている。ソニーのゲーム事業の売上高は4兆円とグループ最大の柱で、ソニー・ミュージックエンタテインメント（SME）と初めて連携してこ入れに動いたというわけである。

PSも誕生から30年経ち、初心者はスマホなどを使ったモバイルゲームが主流であり、上級者はパソコンゲームに移り、ゲーム専用機はその存在意義を問われているなか、危機感を共有したミドルが所属組織を超えて協働し、ゲームと音楽の連携という掛け算から限界突破を生みたいと意気込んでいる。

映画とゲームの連携もアメリカを中心に進んでおり、PSのドライビングゲーム「グランツーリスモ」を実写化した映画では、ソニーの映画撮影カメラ「ベニス」が使われ、世界興行収入は約1億2000万ドル（約180億円）となった。ソニーグループの人事を担当している井藤安博執行役員は「映画とゲームの異なるダイナミズムの融合で新たなビジネスが生まれる」「11万人の社員が世界にいて、主要な事業が6つある。社員のコラボレーションやシナジーを生む大きな力を持っているはず[*17]」と述べる。

ソニーは、事業だけでなく、技術などの連携・共創も進めている。たとえば、技術戦略コミッ

*16 『日経産業新聞』2023年12月21日付。ソニーコーポレートブログ。
*17 『日経産業新聞』2023年12月21日付。

ティと呼ぶ仕組みがあり、各事業から技術者1500人が集まって10の組織に属し、130テーマで活動しており、新しい包装素材などが生まれている。

ベンチャー企業の創業者にはクリエイティブペアが多い。ホンダの本田宗一郎と名参謀といわれた藤沢武夫、ソニーの井深大と盛田昭夫、アップルのスティーブ・ジョブズとスティーブ・ウォズニアックなどが挙げられる。いずれも、それぞれが強い個性と思いを持つ異質なペアである。

ソニーを復活させた平井は、社長時代に「異見」歓迎と社内に呼びかけ、自身とはまったく異なる経験と知見を持つ財務出身の吉田憲一郎（現・会長）を副社長に抜擢した。[*18]

現社長の十時は「社内外の様々な属性、経験、専門性をもった多様な人材がソニーを場として集まり、未来を共創する」[*19]と語ってきた。

日本企業は生え抜きを重宝してきたが、ソニーでは役員24人のうち、3割の8人が他社勤務の経験を持ち、いったん退職してからまた戻ってくるリターン組も多い。創業者の一人、井深大が「いろいろな形の石を組み合わせることで石垣は強くなる」という人材石垣論を唱えたことからもうかがえる。異質なアイデアや経験が会社を強くするとの理念から、出る杭を求めてきた伝統がソニーにはある。

さらに、2015年に始まり、1000人以上にFA権が付与されたFA制度は、実績を上げれば社員に対して自由に異動できる権限が付与される。異動したい先の部署と面談し、話がまとまれば自分の意思で異動できるという制度だ。自分の適性を判断してやりたいことを思い切りやることが、組織を強くするという発想でつくられている。

これらの二項動態にゆらぎをもたらす場やスクラムにおける実践を正当化するのは、先述したパーパスである。混乱や発散、あるいは衝突、葛藤が、一見、組織の安定性を奪っているようであっても、何のために組織が存在しているのか、自分は何がしたいのか、というベクトルの重なりがあれば、異質なもの同士の二項動態によって、跳ぶ発想、いわゆるブレークスルーは生まれやすくなるのである。

二項動態で知を結集する自律分散系・ミドルアップダウン

ＡＩは、人間くさい生き方をまねすることはできない。人間が日々生きるために本能的にやっていることは、歴史の流れのなかで身体化されてきた野性の知恵だ。そして、この瞬間の「いま・ここ」で、環境との共感という相互作用を通じて、生き生きした意味や価値が創造的に生まれる。

だからこそ、連結化で創造された集合知は、一人ひとりが自律的に実践するときに、その質が

＊18　平井（２０２１）。
＊19　『日経産業新聞』２０２３年12月22日付。

問われる。実践を通じて、集合知を自身の身体知とし、挑戦の途上で試行錯誤と小さい成功体験を積み重ね、反省し、また次のスパイラル駆動へのエネルギーへと変換するのである。このプロセスは自己変革プロセスにほかならない。[*20]

先述したホンダのワイガヤは知的コンバットの場であるが、本田宗一郎とクリエイティブペアだった藤沢武夫が、天才なき後のホンダを憂えて、年齢や役職、部門を超えて、従業員一人ひとりの潜在能力を解放し、知恵を結集するためにつくったものだ。

京セラのアメーバ経営もそうだ。稲盛和夫は、孫悟空のたとえを使ったが、孫悟空が自分の身体の毛を抜いて自分の分身をつくったように、アメーバ組織によって、メンバー一人ひとりが経営者目線となり、現実の最前線において自律的な経営実践が行われることを意図したのである。[*21]

○未知の世界で想定外に挑むためにあらゆる知を結集する――JAXAはやぶさ2プロジェクト

ＪＡＸＡ（宇宙航空研究開発機構）のはやぶさ2プロジェクトは、打ち上げから6年、総飛行距離52億4000万キロの宇宙の旅で、小惑星リュウグウで採取したサンプルを持ち帰る、という世界初のミッションをやり遂げた。宇宙という想定外の環境で、さまざまな困難に直面しながらも前人未到の目的を達成し、無事に地球に帰還したのである。[*22]

総勢600人のプロジェクトを率いたのは、プロジェクトマネジャーの津田雄一である。実は津田は、プロジェクトの途中でマネジャーとなった。突然、600人のメンバーを束ねることになった津田だったが、「誰も行ったことがない宇宙の小惑星に向かうのに、無駄を一切排除して臨むのはきわめて危険であり、一見すると無駄と思えるものも知恵と工夫次第で、不測の事態への備えと変えることができること、無駄が想定外の課題を解くアイデアに化けることがある」と語っている。[*23]

津田は、先代のはやぶさのプロジェクトマネジャーがどちらかといえばトップダウン型のリーダーだったのに対し、自発的に問題解決できる多様な人材を集め、彼らのあらゆる知恵を活かすべくオープンでフラットな組織運営を行った。また、主体的な問題解決能力を日頃から鍛えることで、極限の局面でさまざまなアイデアを結集する全員経営を実現しようとした。

津田は、地球上の誰も詳しくない小惑星リュウグウに挑むためには、「専門性のある600人すべての頭脳を生かし切る必要があった[*24]」と語る。そのために、リスクのないぎりぎりの範囲で

＊20　ポール・ルイ・イスケ（2021）『失敗の殿堂――経営における「輝かしい失敗」の研究』（紺野登監訳、渡部典子訳）東洋経済新報社。
＊21　稲盛和夫・京セラコミュニケーションシステム編著（2017）『稲盛和夫の実践アメーバ経営――全社員が自ら採算をつくる』日本経済新聞出版社。
＊22　はやぶさ2は2020年12月に地球帰還後、カプセルを分離して、また深宇宙の旅へと飛び立った（JAXAウェブサイト）。
＊23　津田雄一（2020）『はやぶさ2――最強ミッションの真実』NHK出版新書。

多くの失敗経験をつんでもらうようにした。

着陸をシミュレーションした訓練では、30〜50人のチームに対して、出題者の「神様チーム」がわざとトラブルを起こした。対処に失敗しても責めることはなく、その要因を分析して共有するケーススタディを重ねて、チームとしての適応能力を高めていったのである。彼は、これまでの限界を超えるミッションにおいて、その限界点にこそ、真に役立つ創意工夫の原石が隠れていると考えた。[*25]

これだけ壮大な、内外に関係組織や関係者も多いプロジェクトであったが、津田は決してマイクロマネジメントはしなかった。

はやぶさ2は複雑な機械である。エラーを起こさずに無事着陸するためには、さまざまなチェック項目があり安全審査の担当や、プロジェクト計画をチーム外からモニターする担当がいて、当然、「何々はやったかとか、本当に失敗しないのか」と干渉される。チェックが入ることに意識がいきすぎて、言われたことに一生懸命応えることに終始してしまい、肝心の本筋が疎かになることを津田は恐れた。

津田は、チェックリストを積み上げることよりも、自由度の高い雰囲気のなかでコーヒーや紅茶を飲んで雑談や勉強会や研究会をともにしながら、「ああしよう、こうしよう」とわくわくしながら話す雰囲気をつくり上げていった。そして、自身はチェックリストを押しつけてくる外部に対する防波堤となった。

津田は、「(チェックと雑談)両方、必要なんですが、身体経験をともにしていると、決してチェックリストの積み上げからは至れないような品質が生まれるんですね」と語る。勉強会や研究会の成果はどんどん国際学会などで発信してもらうようにしたが、振り返ると、そのような活動が結果としてすべて役に立ったという。津田は、そのような活動の時間に全体の2割くらいを充てた。

メンバーの創意工夫を活かすためには、率直でオープンな議論が必要だ。津田は、日頃から「急ぐ必要のない命令」は、可能な限り時間を与えて考えさせ、課題に対して「はやぶさ2の機能制約は取り払って研究してみて」と声がけするようにしていた。上意下達で細分化された仕事をやらされるのではなく、フラットに大風呂敷を広げて考えさせ、それを自由に表明する機会や場をつくったのである。津田は、日常において一人ひとりの好奇心を刺激し、既存の枠を超える発想をする面白さを味わわせることが、非日常の場面で自由闊達な議論へのコミットメントを引き出し、前例のない挑戦にともに踏み出せる原動力になる、と信じていた。

宇宙は行ってみないとわからない。その道程で何が起きるかもわからない。はやぶさ2が小惑星リュウグウに到着すると、表面がでこぼこで着陸場所がないことが判明した。そこで着陸の予定を4カ月遅らせて、プロジェクトメンバー皆でアイデアを出し合った。着陸には、当初100

＊24　「コロナに負けないリーダー論」『日経産業新聞』2021年7月2日付。
＊25　津田(2020)。

平方メートルが必要だったが、最終的には6平方メートルまで精度を高めることができた。

実際は、「安全」と「成功」、エンジニアリングとサイエンスなど二者択一を迫られる局面を乗り越えられたのには、このような背景があった。

これまでの無駄や創意工夫のアイデア、そして訓練で蓄積してきた知が生かされた場の一つは、リュウグウへの小型着陸機であるMASCOTの着陸地点を決める会議だった。オンラインでの参加も含めて出席者は109人、ドイツやフランスの宇宙研究開発の関係者、NASAの協力メンバーなども参加していた。慎重論が相次ぎ、もっと分析に時間をかけるべきではないかという意見が大勢を占めた。

津田は、慎重を期すことに異論はないが、着陸地点選定にこれ以上の時間をかける余裕がないこともわかっていた。慎重な意見が根強く議論が進展しなかったが、結論が出ないままで打ち切ろうとするメンバーは1人もおらず、会議は延長された。

休憩を取って再開されると、少しずつ議論が活発化してきた。次々と出てくる建設的な意見をその場で文章化し、スクリーンに映し出し、指摘が入れば、それに修正を入れていくことを繰り返していくうちに、一つの方向に収束していったという。19時過ぎに4つの条件とともに着陸地点に関する結論が出たことを津田が宣言すると、ひとときの静寂の後、大きな拍手に包まれた。知的コンバットを通じた集合的な本質直観が国や組織、役職、立場を超えて実現したセレンディピティの瞬間であった。

図2−1　ミドルアップダウン

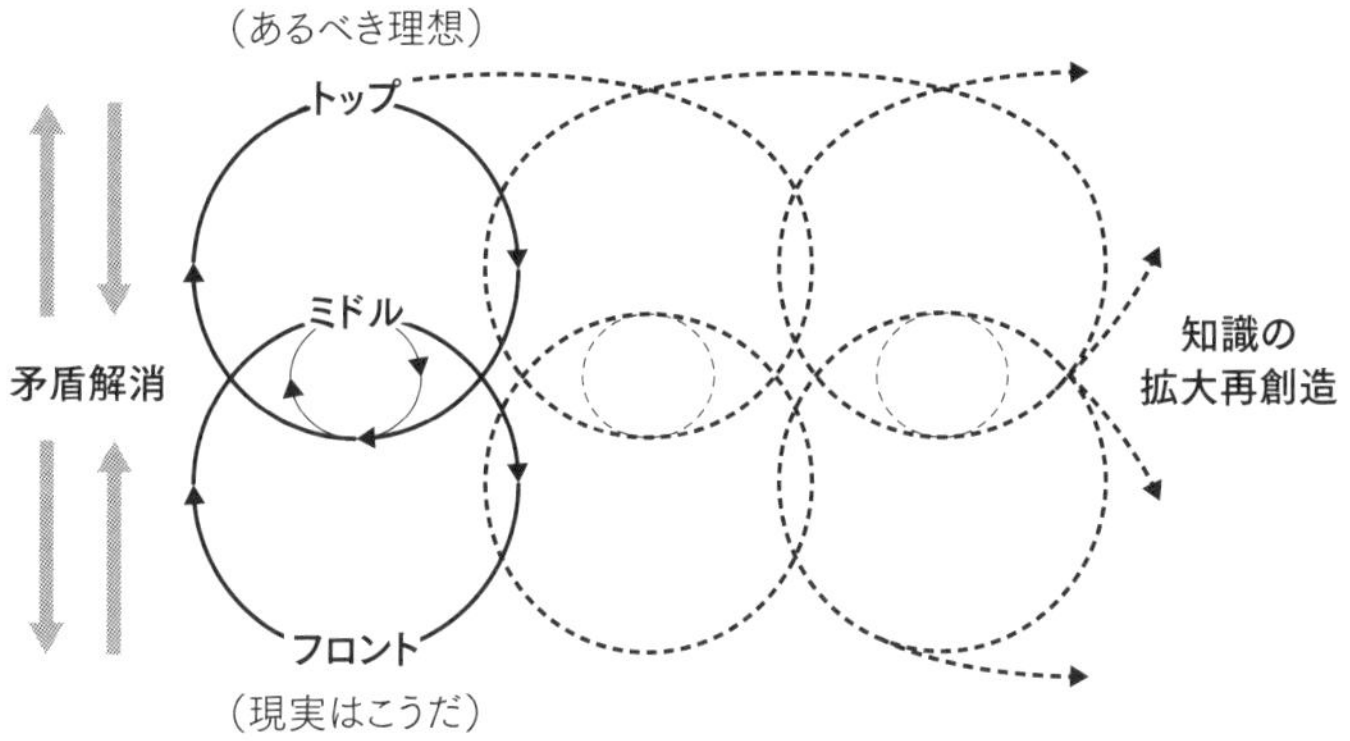

（出所）筆者作成

○フラクタルな全員経営で変化に即応する

清水建設の先述した「超建設」の取り組みは、一部の部署が行っているわけではない。社長直轄のビジネスイノベーション室が先導しつつも、自ら手を挙げる仕組み「WeInnovate」を通じて参加した350人超の社員で推進され、全社的な機運を高める。自律分散組織による全員経営である。

組織的知識創造は、一部のカリスマが促進するものではない。柔軟でしなやかで有機的な自律分散組織であれば、どんな状況に直面しても、どんな組織単位でも機動的で創造的な対応ができる。トップが掲げる理想とフロントが対峙する現実との矛盾を超えて二項動態的に新たな価値創造を行うのは、トップとフロントの連結点であるミドルであり、ミドルアップダウンというプロセスが生まれる（図2−1）。個が全体と相似形になるフラクタル組織が活性化するためには、ミドルやプロジェクトリーダーの役割が大きいのだ。

アイリスオーヤマでは、本書の序章で紹介した新商品開発会議に各部署の幹部と、社員が参加し、承認の判が押されると同時に商品化に向け、それぞれの役割に応じて一斉に走り出す。開発責任者が企画からデザイン、試作、原価計算、生産現場の立ち上げまでと、一連のプロセスにおいて一気通貫で責任を負う伴走方式である。これもスピード感を高める。

「中小企業ではそれが当たり前です。社長に直接プレゼンするのも同じです。企業は売上高30億円くらいの規模がいちばん元気がある。それが100個集まれば3000億円になる。アイリスは中小企業の感覚を持った開発プロジェクトが集まっている。そういう仕組みの企業です[*26]」。これは大山会長の言葉である。

○失敗を許容し、次のチャレンジを後押しする

イノベーションに正解はない。新しい挑戦にはリスクがつきものであり、失敗の可能性も大きい。繰り返し述べてきたように、管理過多で、現状維持、もしくは改善ばかりを求めると、思い切った変革への挑戦意欲は失われる。実際の現実は、思いどおりにならないことが大半であり、完璧に計画どおりにいくことなどない。「輝かしい失敗（Brilliant Failures）」という言葉がある。価値を生み出そうとしたけれども、本来意図した結果が出せなかった試みであり、避けられる過失や犯罪は該当せず、失敗から学んだ教訓や学習経験が共有されることを意味する[*27]。二項対立で語ら

れがちな成功と失敗は紙一重であり、失敗から多くを学ぶことが成功につながるという意味において、失敗の延長線上にあるのが成功なのである。

ダイキン工業では、新しいチャレンジで失敗してもとがめず、自主性と先見性を育むことで人が勝手に育つことを大事にしている。前会長の井上礼之は「挑戦したことのないような仕事を若い社員に与えて、失敗を重ねさせる。現場主義で目の前の課題に取り組み、前向きな失敗は許容してタイミングを待ち、次の挑戦を与える。それを繰り返して勝手に育っていく。この育ち方が自然体だと思う」と語る。[*28]

セブン&アイ・ホールディングスでも、セブンプレミアムの開発当初から「失敗にはユーモアを、成功には祝福を」という合言葉が15年来共有され続けている。[*29]

ソニーの平井一夫は、その著書で、ソニー復活の核心が「自信を喪失し、実力を発揮できなくなった社員たちの心の奥底に隠れた『情熱のマグマ』を解き放ち、チームとしての力を最大限に引き出すこと」だったと述べている。[*30] 自身の経営チームには自分とは異なる強みを持つメンバー

＊26 「成功の本質　第１０７回　極細軽量スティッククリーナー／アイリスオーヤマ」『WORKS』２０２０年４月10日（https://www.works-i.com/works/series/seikou/detail030.html）。
＊27 イスケ（２０２１）。
＊28 『日経産業新聞』２０２４年１月12日付。
＊29 野中郁次郎による石橋誠一郎氏へのインタビュー、２０２２年12月22日。

を置き、決して「裸の王様」にならないように全員経営を行った。そして、成果は社員を称賛、失敗についてはトップが責任を持つことを徹底した。

アイリスオーヤマも先述したように同様である。新商品開発会議で決裁され、その商品が成功した場合は、プロジェクトチームが称賛され、失敗した場合は、意思決定したトップの責任とされている。

輝かしい失敗を許容し、挑戦を奨励することは、一人ひとりのコミットメントを引き出す。それが先述の知的コンバットの場と相まって、矛盾や葛藤を超える集合的な知の創造へとつながっていく。

○抵抗勢力に向き合う

先に述べたように、組織の自己変革には大きな抵抗が伴う。日立のV字回復の立役者である川村隆元会長は、組織の構造改革にあたり、グループ会社を子会社化し、カンパニー制を導入した。自身もそうであったが、グループ会社のトップの多くは日立のOBである。川村は肝を据えて、そのしがらみを断ち切り、信念を貫くために説明を尽くした。

川村、そして前会長の中西宏明の後を継いだ東原敏昭も同様だ。その後サイロ化したカンパニーを解体し、BU制を導入して組織の壁を壊す組織改革をトップダウンで断行しつつも、発表後はタウンホールミーティングなどの場を通じて、丁寧にその改革の意図を社員に伝える努力を惜しまなかった。

前述したソニーの平井一夫は、思い切った事業のリストラなども行ったが、逃げずに腹落ちするまで説得し続けたという。経営は頭の良い人に任せればいい、自分の仕事は皆が嫌がることをやることだ、と抵抗勢力の矢面に立った。

パーパスの制定にあたっては、自信を喪失し、ネガティブスパイラルに陥っていた社員のマインドセットを変えるために、全事業を貫くキーワードを定めた。「ＫＡＮＤＯ（感動）」の旗印の下、エレクトロニクス偏重からの脱却を宣言しただけでなく、アイデアや情熱を持っていても現実化できなかった社員のために、社長直轄組織で「シード・アクセラレーション・プログラム」という社内インキュベーションの場をつくった。

ホンダの三部は、１００年に1度ともいわれる地殻変動が起きている自動車業界の現況を機会と捉え、脱エンジンを掲げている。ホンダは70年以上エンジンをつくってきた世界最大のエンジンメーカーだ。ＯＢを含めて大きな抵抗勢力が生まれたのは当然かもしれない。

三部は、昼夜を問わずその一人ひとりと、直接目を見て膝を突き合わせて対話を続けたという。抵抗勢力と対立するのではなく、逃げずにとことん対話を続けた姿は、ともに前に進もうと

*30　平井（２０２１）。

する二項動態を体現している。そんなソニーとホンダがタッグを組んで、新しい会社（ソニー・ホンダモビリティ）でＥＶに挑戦している。

2――二項動態の方法論（実践的推論、物語り）

実践的推論で目的性と創発性を二項動態する

○実践的推論とは

具体的な対立項や矛盾に出合ったときに状況変化に合わせてバランス良く綜合していくために役立つ思考の方法論がある。これは、科学的三段論法とは異なる、アリストテレスの実践的三段論法である。

「すべての人間は死ぬ」という普遍的原則を大前提に置き、「ソクラテスは人間だ」という個別の事実や行為を示す小前提を次に置き、演繹的に「ソクラテスは死ぬ」という結論を導き出すのが、一般的な三段論法である。２つの前提が真なら、結論も真であり、結論がすでに前提に含まれているために、新たな知を創造するのはかなり難しい。

一方、「何をめざすか」という目的を大前提に置き、「目的を実現するためにどんな手段や方法が必要か」を小前提にして、「目的実現のため、その手段や方法を用いて行動を起こす」という具

図2−2　実践的推論

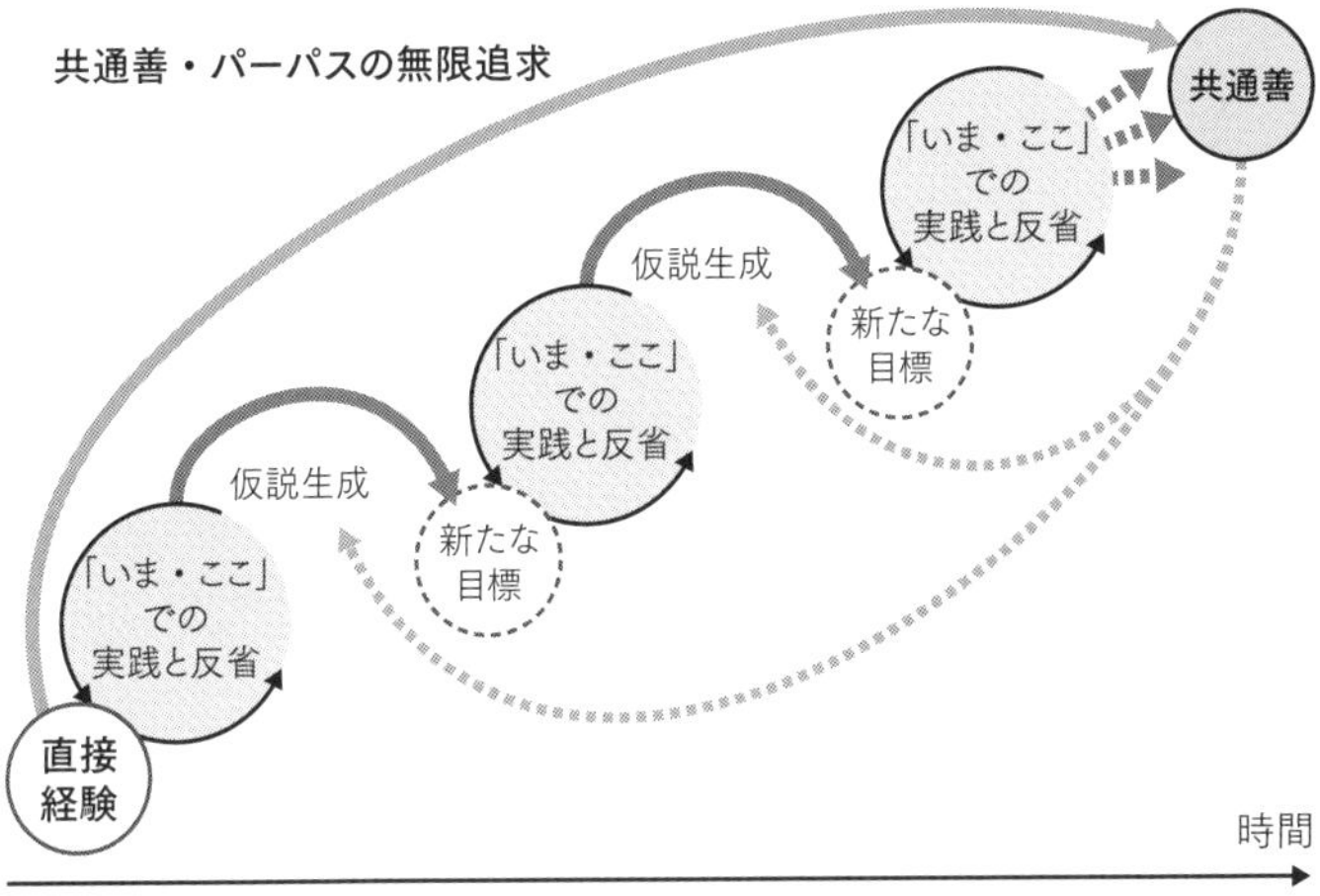

（出所）筆者作成

体的実践を導くのが、実践的三段論法である。ソクラテスが死ぬかどうかは問題にせず、いま・ここでソクラテスの死に直面して、自分は何をすべきかを問題にするのである。

一般的な三段論法とは異なり、結論の真偽は問われない。実践においては、絶対的な正解などは存在しないからである。一般的な原理原則から導くのではなく、目の前の現実において実践と反省を、共通善を見据えた「どうありたいか」という目的や意図と往還させて、その都度、想像力も駆使した「跳ぶ発想」でより善い仮説を生成し、望ましい実践的判断と行動を導き出すのである。

これは、プラグマティズムの哲学者パースの提示した新しいアイデアを生み出す方法論、アブダクション（仮説生成）に通底するプロセスである。アブダクションは、演繹でも帰納でもなく、目的達成のための現実的な推論の手法である。実践的三段論法は、変化する現実のなかで、いつも試行錯誤し、未完成の「仮説」であるが、その時点では「こうとしか言えない」という「より善い」を求め続ける無限プロセスである。これは、理想と現実、という二項対立を克服するだけでなく、さまざまな対立項に置換しても成立する。ダイナミックな環境において、現状に安住することを許さない、創造的な思考と実践をもたらす二項動態の方法論だ。

○リーン・スタートアップやエフェクチュエーション

２０１１年にベストセラーになったエリック・リースの『The Lean Startup』は、とりあえずつくってみて（Build）、市場の反応を見て（Measure）、そして学習する（Learn）というプロセスを高速で回していく起業の方法論である。[*31] そしてこの源流は、「必要なものを、必要な時に、必要なだけ」つくるトヨタ生産方式だ。戦後キャッシュが不足していたトヨタは、注文を受けるとすぐに製品を生産して、在庫を持たないことで、生産リードタイムを短縮したのである。スタートアップも戦後のトヨタと同様、キャッシュには恵まれていないという共通点がある。アメリカで、リーン生産方式と名づけられたトヨタ生産方式が、起業の方法論に応用されたわけである。短期間で試作品等を製作し市場の反応を見ながら改善を重ねていく「リーン」なやり方は、実践的推論と通底している。

最近は、マーケティングの領域で「エフェクチュエーション（effectuation）」という考え方が注目されている。成功を収めている多様な起業家の体験分析から導き出されたのが「エフェクチュエーション理論」だ。不確実性が高まるなかで、分析や予測にもとづく計画および実行における限界をいかに超えるかという流れで、「俊敏に動くマーケティング」の有用性が議論されてきた。[*32]

2008年にエフェクチュエーション理論を提唱したサラス・サラスバシー教授は、市場はあらかじめ存在しているのではなく、形成するものだと考える。そのときに重要になる概念が「コ・クリエーション（共創）」であると述べる（『エフェクチュエーション――市場創造の実効理論』碩学社）。

これまでのコトラーやポーターの静的モデルのように、あらかじめ市場が存在していることを前提とした競争戦略とか予測を前提としたマーケティングとは大きく異なる。本書で何度も議論してきたように、正確な未来予測や、裏づけとなる高精度のデータや分析を求めすぎると、組織は動けず機を逃してしまう。

サラスバシーは、著名なアントレプレナーたちが伝統的なSTPマーケティングの手順（市場環境調査→自社にとって最適な領域を見出す→最適な活動に集中展開する）に従っておらず、「すぐに実行でき

*31 岩尾俊兵（2023）『日本企業はなぜ「強み」を捨てるのか――増補改訂版「日本〝式〟経営の逆襲」』光文社新書、64頁。
*32 栗木契（2024）『エフェクチュアル・シフト――不確実性に企業家的機会を見いだすマーケティングの探求』千倉書房、3頁。

る活動を見出す→この活動を実行するなかで自社にとって適した市場領域を事後的に把握する」という流れで仕事を進めていたことに注目したのである。エフェクチュエーションは、未来は予測不能であるという前提のもと、「まずはやってみる」ことに重きを置く、実践的推論に相通じるアプローチなのである。

物語りアプローチによる「生き方」の戦略実践

二項動態経営において、ヒューマナイジング・ストラテジー（人間くさい戦略）、つまり「生き方」としての戦略を他者との相互作用を通じて構想し実践するのに有効なのは、物語り（ナラティブ）である。歴史科学者ユヴァル・ハラリは、人間の創造性を「共同幻想」で説明した。[*33] 人間は集合的に共有できる神話や物語りを生み出し、仲間同士で共有することで一体感を醸成し、集団で生き抜いてきた歴史を持つ。ヒューマナイジング・ストラテジーに関しては次章で詳述する。

○物語り（ナラティブ）の定義

物語（ストーリー）と物語り（ナラティブ）は異なる。ストーリーは、複数の出来事を時系列に記述する。一方、ナラティブはプロット（筋書き）に従って、出来事と理由・因果を説明する。出来事を相互に関連づけ、それぞれにふさわしい価値を与えることができるのが物語りである。経営学においても、戦略は物語りによって意味あるものとなる。物語りで語られる戦略こそが、過去、現在、未来の時空間の広がりのなかで、未来に向けた新たな意味を想像し、創造する。

心理学者やまだようこによると、物語りとは、経験を組織化し、編集し、意味づける作業であり、「語る」という行為も含んでいる（『野中郁次郎 ナレッジフォーラム講義録』東洋経済新報社）。ナラティブは、普遍的な正しい事実や理論ありきではなく、相互作用や変化のプロセスが重要であり、文脈によって複数の現実が構成されうることを前提にしているのだ。

ナラティブは主観に訴え、記憶に残る。論理的・科学的説明だけでは、人は理解しても行動に移さない。

物語論研究者であるデヴィッド・カーによると、ナラティブのなかの「過去・現在・未来」という構造は、本来、人間が主観的に事物を経験したり、何かの行為に至る主観的プロセスに酷似している。[*34] つまり、ナラティブは「頭で理解する」のではなく、「心と身体で理解する」ことで主体的体験を呼び起こし、動かされるのである。

人を動かすのは、論理的説明や科学的説明ではない。頭で理解させても行動を変えることはできない。ソニーの平井一夫も「ＩＱよりＥＱ」を重視したが、心を動かすことが重要なのである。人は、「物語り」を通して他者の経験を意味づけ、自分ごとのように感じ、心が動かされる。

＊33　ユヴァル・ノア・ハラリ（２０１６）『サピエンス全史（上）』（柴田裕之訳）河出書房新社。
＊34　Carr.D. (1986) *Time, Narrative, and History.* Indiana University Press.

ナラティブは、行動規範や価値観を示すため、将来のビジョン実現に向けて、読み手が対峙する具体的な文脈や状況においてどのように行動すべきかも示唆する。人々がナラティブにコミットすれば、自発的に行動規範に合うような実践をするようになる。つまり、内発的に動機づけることができる。

○意味を語り、共創する物語り

西洋哲学における主観と客観を分けるデカルト的二元論とは異なり、ナラティブは語り手だけでなく読み手や聴き手の参画と相互作用、そして文脈における経験の意味づけを前提にする。新たなナラティブは、相互作用によって新たな意味をともにつくる未来創造の方法論である。だからこそ、物語りの共創は、一体感、連帯感を醸成し、コミットメントを引き出す。

物語る行為は、「なぜ（Why）」を明らかにし、意味を共創する。ナラティブは、直線的に自己完結することはなく、他者や状況と相互作用しながら、文脈に応じて展開していくダイナミックプロセスである。ＡＩは意味や価値を問わない。ＡＩは論理的に処理できる客観を求めている。情報学者の西垣通は、「生きていないＡＩが意味を捉えられないのは明らかだ」と主張する。[*35] 生きる意味は自らが発見するものであり、生きる目的を持つことが、生き残る唯一の道であり、それが日々の「生きざま」に表れる。社会の関係性のなかで生きることは、生き方を共有することであり、ともに意味をつくり出すことである。目的意識を自ら持たない機械には、他者とともに意味や価値を生み出す、つまり、集合的な知恵をつくることは難しいであろう。

ＳＥＣＩモデルの連結化における物語りとは、物語る、という行為も含まれる。単なる連結化された形式知を伝えるのではなく、文脈に合わせて情緒的に物語られることによって、生き生きとしたニュアンスや強弱、スピードなど文字に表れない暗黙的な背景も一緒に染み出すからである。形式知を形骸化しないために、物語ることは重要な意味を持つ。

○オープンエンドに連続する物語り

戦略とは、筋書きが絶えず変化する連続ドラマとして捉えるべきである。あらかじめ規定された環境で計画どおりに物事が予定調和で進むことは、現実には決してない。完全情報、完全競争における合理的選択を前提とする経済学をルーツに持つ分析思考の戦略論は、現実世界では役に立たない。戦略とは、外部環境に適応するものでも、内部環境に制約されるものでもないのである。出来事を意味あるものにして変化を自ら創造するのは、「物語り」である。

動く現実の只中で、想定外の状況が起こってもその矛盾を克服し続けるプロセスを繰り返していく。リアルタイムでダイナミックに物語りを紡ぎ、他者や環境との相互作用のなかで自己変革

＊35　西垣通（２０２４）「ＡＩの可能性と限界——妄信は人類の自律性脅かす（経済教室）」『日本経済新聞』２０２４年２月20日付朝刊。

し未来を創造するオープンエンドプロセスが、戦略を人間化する。終わりのない開かれた動的プロセスであるため、「物語」ではなく「物語り」と、われわれは表記している。

物語りは、未来の共通善実現に向けて筋立てるプロット（筋書き）と、そのプロットを実行するための無意識の行動規範となるスクリプト（行動指針）で構成される。

スクリプトは、決定論的に定められた作業をさせるマニュアルではなく、文脈に応じて自律的で柔軟な判断と実践を行為主体に委ねる。したがって、無意識や感性に訴える、生々しい言葉で表現されるものである。

物語りで語られる戦略には、組織がめざすパーパスとの一貫性が求められるが、同時に決して直線的だったり、つじつま合わせを重視しすぎたりしてわかりやすいものである必要はない。むしろ、多少矛盾をはらんだり多義的だったりするほうが、その本質を知的コンバットや、実践のなかで試行錯誤することを促す。動く現実のなかで集合的に戦略が意味づけられていくからである。組織における不安定さやカオスは、メンバーの創造性を刺激するのであり、このリアルなプロセスこそが戦略の構想と実行なのである。

神話学者ジョーゼフ・キャンベルは、世界各地の英雄伝説を研究し、英雄の旅の物語プロットに共通する円環構造を発見した。[*36] 英雄は、日常生活から冒険に誘われる。冒険の境界を越えた英雄は、世界を旅し、助力者の力を借りたり、試練に直面したりする。円環の底にたどりつくと、究極の試練を経験し、見返りを手に入れる。決定的な勝利のあと、英雄は帰途につき、超自然的な力は境界にとどまる。そうして英雄は帰還し、世界を復活させるのである。

この構造は、映画「スター・ウォーズ」の脚本制作など多くのハリウッド作品のストーリーを開発する際の参考とされた。キャンベルは、共通パターン化したプロットの背後に人間の無意識にある欲求や恐れが象徴的に組み込まれていると説明している。

歴史学者ヘイドン・ホワイトは、プロットのモードとして「ロマンス劇」「悲劇」「喜劇」「風刺劇」の4種類を挙げている。ロマンス劇は、一般的には恋愛劇のイメージがあるが、元来は「英雄が経験世界を超越し、それに打ち勝ち、最終的にそこから開放者として帰還する」（『メタヒストリー——九世紀ヨーロッパにおける歴史的想像力』作品社）と説明される。

経営における物語りアプローチでは、多くの場合、ロマンス劇のプロットをとることになるだろう。しかし、企業が生きる現実は、一回性しかない時の流れのなかで、元の場所に帰還することで終わることはない。円環よりは、山あり谷ありしながら無限にスパイラルアップしていくのである。

＊36　ジョーゼフ・キャンベル（２０１５）『千の顔をもつ英雄　新訳版（下）』（倉田真木・斎藤静代・関根光宏訳）ハヤカワ文庫、88－90頁。

○ナラティブへの注目、その応用

ここ数年、政治や経済、外交や安全保障等の分野においてもナラティブへの関心が高まっている。国際政治学者ローレンス・フリードマンは、『戦略の世界史』で「戦略」とはいわば「ソープオペラ（昼の時間帯のメロドラマ）」のようなオープンエンドの物語りだと主張する。すでに決まっている普遍的な結末など決してない不確実性、不安定性が前提となる戦争において、戦略には突然で予想できない変化を許容する自由度が欠かせないことを示す。

ノーベル経済学賞受賞の米イェール大学教授のロバート・シラーも、『Narrative Economics（邦題：ナラティブ経済学）』を出版し、ナラティブの感染は経済を大きく動かすパワーを持っており、世界恐慌やビットコインバブルなどもナラティブのバイラルな流行によるものだと述べる。ナラティブについて、現代に蠢《うごめ》く「見えざる手」であり、見えないから恐ろしく、支配されやすくなるため、そのメカニズムを明らかにしようと警告するジャーナリストもいる。[*37] 実際、多くのテロ事件や陰謀論などにはナラティブが背景にあることも多い。

本書では、人間とは、生まれながらにして意味づけ、価値づけする創造力を有する動的な主体である、と述べてきた。だからこそ、あらゆる現象に意味を見出そうとする。それは、思い込みで曲がった因果関係に裏づけられた陰謀論や被害者ナラティブを生み出し、カルトや過激派に巻き込まれる危険性がある、ということでもある。[*38] ほかにもハロー効果、確証バイアスなどの認知バイアスが、ナラティブを信じ込ませる効果がある。

ナラティブには力がある。それは、美しく精緻に描かれたどんな戦略プランよりも効力を発揮する。国家間の安全保障問題でも戦略的ナラティブが使われ、非軍事領域の認知戦、情報戦を加速させている。

戦略的ナラティブとは、価値・規範、社会（国際、国内）の組織のありかた、社会の動きについての仮説、物事の展開過程（物語）、登場人物のアイデンティティや役割、過去―現在―未来の構造などから成るナラティブによる影響力を発揮することである。[*39] それらは、国際秩序、国家、政策・出来事に関するものなど多層的であり、戦略的ナラティブによる規範の社会化は双方向であり、相互作用する。

ナラティブは、もともとは、歴史学、哲学、心理学、言語学や社会学などで扱われてきた。たとえば、臨床心理学においては、セラピストがクライアントとの会話を繰り返す心理療法を通じて、クライアントの自己物語とは異なる物語を見出させ、解決を図ろうとする。

精神的治療に使われるオープン・ダイアローグの手法の一つ「未来語り」は、ポジティブな未来を語ること、その未来にどのように到達したかを語ることで、現在から積み上げていって未来

＊37　大治朋子（２０２３）『人を動かすナラティブ――なぜ、あの「語り」に惑わされるのか』毎日新聞出版、７頁。
＊38　大治（２０２３）97頁。
＊39　山本吉宣（２０２１）「言説の対抗と米中関係」［ＰＨＰ総研特別レポート］政策シンクタンクＰＨＰ総研。

を語るよりも、見通しが開き、明るい気持ちになる効果があるという。[*40]

「エビデンス・ベースド・メディシン（ＥＢＭ：根拠にもとづく医療）」が、医療者と患者の間にある情報の非対称性をなくすために１９９０年代初頭から多用されている。これは、過去の研究結果を標準化してその治療法の妥当性を検証しようとするものであり、医療の質を高めるための手法として導入された。

しかし、１９９０年代後半からは、医師の治療にかかわる意思決定の場面で「根拠」「統計手法」「科学性」を強調しすぎることが反省され、患者一人ひとりの思いや生き方の物語りを診療や治療に活かし、その人にとっての最善をともにめざす「ナラティブ・ベースド・メディシン（ＮＢＭ：Narrative Based Medicine）」が重視されつつある。

ナラティブを正しく使えるかどうか、それはわれわれに委ねられている。ナラティブは一方向に洗脳されるのではなく、双方向で相互作用しながらともに紡いでいくものであることを、肝に銘じなければならない。そして、ナラティブが向かうのは、「より善い」未来創造だ。

○物語りアプローチの実践事例

アマゾンで１９９８年から12年間、ジェフ・ベゾスとともに働いたコリン・ブライアー、そして１９９９年から10年間さまざまな新規事業を手掛けたビル・カーは、まさにアマゾンの第二、第三の成長期を経験した。彼らの著書には、アマゾンにおける会議の進め方が紹介されている。[*41]

社内会議の冒頭は、議論を始める前に20分間6ページのワードの資料に目を通すことになっている。アイデアを共有するために、パワーポイントは廃止され、ナラティブ形式による「6ページ資料（シックス・ページャー）」が使われている。2004年ごろ、パワーポイントを使った会議に限界を感じていたジェフとコリンは、イェール大学のエドワード・タフテ教授の「パワーポイントの認知スタイル――内なる誤謬からの脱却」という論文に出合った。

パワーポイントの短い箇条書きの羅列では、複雑な因果関係や行間が抜け落ちてしまう弊害が大きいと感じた彼らは、文章、数字、グラフなどを組み合わせ、文脈も伝えられるワードに切り替えることを決め、徹底した。

ナラティブの文書による提案は、その執筆プロセスで、組織内のコミュニケーションの量と質を高めた。チームは、テーマと真剣に格闘し、会議では熟読したのち、オープンに議論する。この資料を使った会議の検討プロセスを経て、多くの新しいイノベーションが生まれていったのである。

＊40　やまだようこ（2017）「ビジュアル・ナラティヴ――時間概念を問う」『こころの科学とエピステモロジー』創刊準備号vol.0、9－15頁。
＊41　コリン・ブライアー、ビル・カー（2022）『アマゾンの最強の働き方――Working Backwards』（紣川謙監訳、須川綾子訳）ダイヤモンド社。

メンバーを鼓舞し、実践へのコミットメントを引き出す物語りアプローチの重要性を認識していたマイクロソフトCEOサティア・ナデラは、大きな組織変革にあたり、エクセルやパワーポイントを使って形式論理を議論する取締役会を廃止し、役員がそれぞれ自らの人生史や生き方を語る場へと変えた（『Hit Refresh――マイクロソフト再興とテクノロジーの未来』日経BP）。業績の報告に終始していた役員会を変えるために、役員一人ひとりが自らの生き方を物語る場に変革したのである。

ナデラの改革のキーワードは、パーパスと物語りだった。ナデラは、マイクロソフトの存在目的（パーパス）を変えた。自社で独占的な強い製品をつくって、圧倒的な市場シェアをめざし、独占的な利益を享受していたマイクロソフトだったが、アライアンスや協働によって、真に価値ある製品づくりをするために、「地球上のすべての個人とすべての組織が、より多くのことを達成できるようにする」と宣言したのである。

階級や序列が幅を利かせていて、数字を達成する責任を果たすことが第一義であり、セクショナリズムや競争主義が横行していた当時のマイクロソフトのマインドセットを変え、支配や対立の関係性を共感の関係性に変革することに着手した。

象徴的なのは評価制度だった。パフォーマンス重視から、「巻き込み力」が発揮できているかが評価されるようになった。自分が他者を巻き込んだ、という観点だけでなく、自分が他者に巻き込まれ、貢献したかが評価されるようになった。

高校時代に多くの映画を観たというアイリスオーヤマの大山会長は「映画づくりは何を視聴者に訴えるか。これは商品づくりも同じ。消費者に何かを訴えるためには構想力がいるし、ストーリーがいる。俳優や音楽も必要です。アイリスオーヤマだと、ユーザーインという構想のなかで、いかに面白いストーリーを訴えていくか。商品は俳優、販促は音楽、デザインは映像というように、すべてつながっているのです[*42]」と語っている。

二項動態は、自己変革を可能にする。しかし、これは過去の完全なる破壊の上に成り立つものではない。歴史的に蓄積された組織の身体記憶ともいえる潜在的な知の土台の上に、それらの多様な結びつき、あるいは外部の異質なものとの新結合から、新たな知に「跳ぶ」のである。その意味で、過去と現在、未来を綜合する変容（transformation）の「物語り」なのである。

＊42 「ニューズウィーク日本版オフィシャルサイト」2024年8月27日。

第3章

ヒューマナイジング・ストラテジー

Dynamic Duality

第3章では、過度な形式論理や科学化・数学化に対するアンチテーゼとして、人間性を取り戻す「ヒューマナイジング・ストラテジー」の基本的考え方を紹介する。経営や戦略における人間化に伴って、パーパスを実現するための経済的価値の意味づけが重要になることを指摘し、知識創造と利益・キャッシュフロー創出の関係性について述べる。

1 「人間くさい」経営の実践——ヒューマナイジング・ストラテジー

人間性の復権

経営に人間らしさを取り戻そうとする潮流が、コロナ禍の少し前の2019年ごろから活発化している。2019年7月、著者の一人である野中は、スコットランドのエディンバラで開催された国際会議に招聘された。資本主義の父とされるアダム・スミスの旧宅（パンミュアハウス）を会場とし、ダイナミック・ケイパビリティの提唱者であるディビッド・ティース、エコノミストであるジョン・ケイ、金融史研究で有名な歴史学者ニーアル・ファーガソンが発起人となって、資本主義の再構築のために経済と倫理を両立させる「新しい啓蒙」をテーマとして議論が交わされた。各国から学者や官僚、企業家たちが集ったこの会議では、「株主価値最大化の否定」「顧客第一主義」「従業員の復権」「資本主義における道徳観・倫理観の重要視」などが合意された。

その直後の8月には、アップルやウォルマートなど、米国の主要企業が名を連ねる米国の経営者団体ビジネス・ラウンドテーブル（BR）が、経済学者のミルトン・フリードマンが提唱した株主第一主義からの脱却を高らかに宣言した。

同団体は、社会の利益と価値観を取り入れる「ステークホルダー（利害関係者）」資本主義へと舵を切ることを提唱し、この公開書簡には、全米の有力企業の経営トップ181人が署名したといわれている。彼らが率いる企業の株式時価総額の合計は、米国の全上場会社の株式時価総額の約30％を占めるとの報道もあった。

もともとBRTは、シカゴ学派の代表であるフリードマンの影響を受け、1997年に「株主第一主義」の声明を出した経緯がある。以降の米国では、企業の目的は株主利益の最大化にあると基本的に考えられるようになった。その米国で株主ファーストの脱却が叫ばれたということ自体、非常に画期的な出来事であった。

この5年間で、ESG（環境・社会・企業統治）投資が進みつつある。さまざまなステークホルダーの利益を重視することが株主の長期的利益に貢献するとの認識が、機関投資家の間で定着し始めている証左であろう。

「人的資本経営」のまやかし

今日、人的資本経営についてかまびすしい議論が行われている。2023年3月期決算以降、有価証券報告書にサステナビリティ情報の記載欄が新設され、人的資本の開示が義務化された。[*1]
人的資本経営を実現するべく、「従業員の成長のために、企業がどのような取り組みを行っているか」という情報を、財務情報と同じように社内外に向けて公表することが企業に義務づけられたのである。

具体的には、サステナビリティ情報の「戦略」と「指標及び目標」の記載欄に、人材の多様性の確保を含む人材育成の方針や社内環境の整備の方針、当該方針に関する指標の内容などを記載しなければならない。女性管理職比率や男性の育児休業取得率、男女間賃金格差についても記載が求められるほか、追加的な情報を任意で開示することも可能となっている。

人的資本の開示は、測定可能な定量情報に限られている。投資すべき対象となった「人」を見える化・指標化し、株主に説明することが求められるようになったからである。しかし、人の存在、活動、生き方は、指標のみで表現しうるものではないはずである。その意味において、指標化の効用のみならず、限界を認識しておく必要がある。

繰り返し述べるように、経営とは、人間の営為そのものであり、「生き方（a way of life）」である。壮大な共通善の実現に向かって、目の前の現場・現実・現物の流れのなかで、文脈に応じて時空間を共創し、新たな意味や価値を生成する、ダイナミックで社会的なプロセスである。その「生き方」の集合的な物語りは、アートの側面を持つ。測定可能な定量情報からは、そうした質的側面がこぼれ落ちていることを、われわれは肝に銘じるべきである。

ケインズ研究の泰斗であるロバート・スキデルスキーは、合理性や科学性、モデル化を過度に追求するあまり、「経済人（ホモ・エコノミクス）」という人間ロボットを前提に置き、人間の本性を「捏造」する主流派経済学を喝破している。[*2]

新古典派経済学は、モデル化や方程式、統計分析などによって、経済の厳密な予測が可能であると主張する。しかし、2008年、理論（予測）と現実（結果）に多くの乖離が生じ、理論的には起こらないはずだった金融危機が発生したことは記憶に新しい。

過度に単純化した前提を置き、一般化および数式化を優先するあまり、本来であれば大切にされなければならないはずの人間の本質は切り捨てられてきた。人間の非合理性に注目し、心理学や神経科学の知見を得たはずの行動経済学でさえも、方法論としての個人主義を脱却できずにいる。そこでは、人間の非合理性を合理的なものとして定式化しようとする矛盾が生じている。[*3]

スキデルスキーは、ジョン・メイナード・ケインズの以下の言葉を紹介している。「経済学の大

＊1　人的資本については、小野浩（2024）『人的資本の論理――人間行動の経済学的アプローチ』日本経済新聞出版や、野中郁次郎・小野浩「人的資本経営は『人間らしさ』に回帰する」『DIAMONDハーバード・ビジネス・レビュー』2023年8月、6－15頁を参照されたい。

＊2　ロバート・スキデルスキー（2022）『経済学のどこが問題なのか』（鍋島直樹訳）名古屋大学出版会、109－110頁。

＊3　スキデルスキー（2022）22頁。

家は、もろもろの資質のまれなる組み合わせを持ち合わせていなければならない。（中略）彼はある程度まで、数学者で、歴史家で、政治家で、哲学者でなければならない。彼は記号もわかるし、言葉も話さなければならない。彼は普遍的な見地から特殊を考察し、抽象と具体とを同じ思考の動きの中で取り扱わなければならない。彼は未来の目的のために、過去に照らして現在を研究しなくてはならない。人間の性質や制度のどんな部分も、まったく彼の関心の外にあってはならない*4」

ヒューマナイジング・ストラテジーとは

ここでわれわれは、ヒューマナイジング・ストラテジー（戦略の人間化、人間くさい戦略）を提示したい。ヒューマナイジング・ストラテジーは、「人間は、未来志向で意味を創造する主体である」という人間観に支えられたものであり、動的プロセスを措定している。この点において、経済学をベースに静的な状況を仮定する論理分析型の戦略論とは異なる。

ヒューマナイジング・ストラテジーは、次の3つで特徴づけられる。

①戦略とは、「思い」を持つ人間一人ひとりの生き方（a way of life）を、相互主観性を媒介にして組織の客観へと昇華させ、新しい現実を共創するために集合的に意味づけ・価値づけを行うことである

②戦略とは、主観的な「幅のある現在」の時間軸において、文脈に応じて「いま・ここ」の判

断を行い、変化の只中でより「善い目的（真・善・美）」を追求し、実践するオープンエンドの価値創造プロセスである

③戦略とは、「共通善」を掲げてその実現を志向する人間の「生き方」であり、未来創造の物語り（ナラティブ）によって表現される

ヒューマナイジング・ストラテジーは、人間の「思い」がもととなって生み出されるものである。機械やＡＩには、主体的な意味づけ・価値づけはできない。人間の主観こそがイノベーションの源泉であるといってもよい。知識創造理論が、科学的合理性にこだわる他の経営理論や戦略論と異なる点はそこにある。自然現象を客観的に観察・実験・検証する自然科学研究は、そもそも人間の主観にもとづく意味づけや価値づけを研究の俎上に載せることはない。

一方、現象学が、科学的世界観から自由になるために、先入観や思い込みなどをいったん「カッコ」に入れて、ありのままの経験に立ち返る現象学的還元の重要性を唱えたことは、先述のとおりである。人間は一人ひとり違う価値観や思いを持つ。異なっているからこそ、同じモノを見ても、同じ現象を体験しても、そこに他者とは違う意味や価値を見出す。

人間は、生来、意味や価値を創造する主体（媒体）である。現象学は、このような意味づけ・価

＊4　スキデルスキー（２０２２）27頁。Keynes, J.M. (2015[1924]), 'Methodological Issues: Tinbergen, Harrod'; 'Alfred Marshall', in Robert Skidelsky (ed), *The Essential Keynes*, Penguin Classics. pp173-174.

値づけが「志向性（intentionality）」によって行われると説明する。志向性とは、意識している、していないにかかわらず、すでにいつも何かが何かとして「意味づけられ、価値づけられている」ということである。*5

われわれは、無意識であっても、常に何かに向かって意味づけ・価値づけを行っている。そうして生まれた意味づけ・価値づけは、そのうち焦点化されて、意識化される。

われわれ人間は、絶えず変化する現象の只中において、志向性、つまり、各自の無意識の意味づけや価値づけを起点に、他者との相互作用を通じて新たな意味や価値を意識的に共創していくのである。意味とは、相互に異なるもののなかから類似性を探求し、差異性を認識しながらも、「こうとしか言いようがない」という唯一の同一性に綜合する二項動態プロセスから生成されるものである。現象学の分野で「自由変更」と呼ばれる自由な想像力の発揮によって、「そうとしか考えられない」という本質洞察に至るのである。それが「集合的な意味づけ」「集合的な本質直観」のプロセスである。

われわれがヒューマナイジング・ストラテジーを提唱するのは、過去30年にわたって低迷した日本企業が復活をとげるためには「人間らしさ」を取り戻すことが不可欠だと考えるからである。

そもそもリソースもキャピタルも人間が創造するものであり、はじめには必ず「思い」がある。「人を活かす経営」の実践は、人間を未来に向かって価値創造するダイナミックな主体として捉える人間観にもとづくべきである。

コアコンピタンスの提唱者であるゲイリー・ハメルは、最近の共著書において、官僚主義（ビューロクラシー）を脱却するために「ヒューマノクラシー」の重要性を主張している。ハメルは、「白黒思考を決して受け入れるな。他の重要な目標を犠牲にすることなく、目標を達成できるか、クリエイティブに考えて、パラドックスを乗り越えよ」と訴える。[*6]

官僚的性質を持つ機械的組織と有機的組織の議論は、古くて新しい。[*7] つまり、科学がいくら発達しても、経営が人間による営為である以上、「大企業病」はあらゆる組織を襲う。だからこそ、過去の成功に過剰適応せず、組織の慣性に逆らって自己変革し続けなければならない。そのために、創造性へと導く二項動態経営、そして、「戦略の人間化（ヒューマナイジング・ストラテジー）」が必要なのである。

経営は、道具に規定されるものではない。むしろそこでは、道具を使いこなす力量が問われる。経営とは、未来をつくる意味創造に向かう人々が、環境変化に応じてともに織りなす営為であ

＊5　野中・山口（2019）。
＊6　ゲイリー・ハメル、ミケーレ・ザニーニ（2023）『ヒューマノクラシー――「人」が中心の組織をつくる』（東方雅美訳）英治出版。
＊7　Burns T. and G. M. Stalker (1961), *The Management of Innovation*, Tavistock Publications.

り、集合的な「生き方」が投影されるものでもある。経営にサイエンスが必要なことは論をまたない。しかし、生き抜く能力としての人間の野性や、創造力を活性化させるアートの側面を決してないがしろにしてはならない。[*8]

ヒューマナイジング・ストラテジーとは、論理分析ではなく、まさに人間の「生き方」の「物語り（ナラティブ）」である。創作を巧みに入れ込んで人間の生き方を問うのが、ヒューマナイジング・ストラテジーである。そこには、What だけでなく、人間の生き方を示す Why を組み入れる必要がある。「われわれは、なぜ存在するのか」という存在目的を示すことにより、関係性が広がり、人の記憶にも残る戦略が生まれる。もちろん、経営戦略を実践する段階においては、科学的手法を取り入れる必要があろう。しかし、最初に「何のために」という生き方やロマンがないと、内発的動機は生まれない。戦略は実行されず、結局、形骸化してしまうのである。

もっとも、経営や戦略に人間性を取り戻すことと、「人間中心主義」は異なるということを肝に銘じておかなければならない。われわれ人間は、「人新世（アントロポセン）」[*9]ともいわれる地球環境との相互作用を通じて生きているからである。経営を行ううえで、科学の発展に伴ってもたらされる人間の倫理観との矛盾や葛藤に直面していくことになるのは必然である。

停滞する日本と日常の数学化

平成不況の「失われた30年」において、コーポレートガバナンス、ＣＳＲ、可視化という名のもとの各種サーベイや、アセスメント、ＳＤＧｓ、ＤＸ、働き方改革、人的資本経営など、さまざまな企業変革のスローガンが、新聞をはじめとするメディアをにぎわせてきた。

スイスのビジネススクールの一つである国際経営開発研究所（ＩＭＤ）が２０２４年6月に発表した世界競争力ランキング２０２４では、日本は従前の順位をさらに落とし、67カ国中38位となった。評価の詳細を見てみると、ビジネスの効率性への評価が51位、その内訳の一つであるマネジメント・プラクティスは65位であった。細目分野別の起業環境や国際経験、機敏性に至っては67カ国中最下位に位置づけられている。このランキングはあくまで一つの例ではあるが、この30年間、変革を叫びながらも、なぜ多くの日本企業が低空飛行を続けているのであろうか。

われわれは、欧米型の合理主義導入による行きすぎた計画・分析・統制にその一因があるのではないかと考えている。[*10] バブル崩壊後に、リーマンショックや東日本大震災など、想定外の危機に相次いで直面した企業経営者は、リスクを避けるために縮小均衡の経営を続けてきたのではないか。この30年の間に、自信を失った日本企業の多くは、計画や分析、統制のための経営ツール

＊8　野中ほか（２０２２）。
＊9　１９９５年にノーベル化学賞を受賞したパウル・クルッツェンが２０００年に提唱した。人類が地球に大きな影響を与えている地質学上の時代を指す。経済活動によって、人類の繁栄の根幹を覆しかねないほどのダメージを地球に与えているという問題意識が背景にある。
＊10　たとえば、野中ほか（２０２２）。

や手法を多く導入してきた。手段であるはずの経営ツール（制度、仕組み、プログラム、システムなど）がやがて過剰になり、目的化した帰結として、「日常（世界）の数学化」[*11]が進行した可能性がある。

「日常の数学化」とは、現象学者エドムント・フッサールが用いた言葉である。現実世界に数式で迫ろうとする試みのことを指す。フッサールは、それが行きすぎることに警鐘を鳴らした。

もちろん、数学が不要というわけではない。1938年にフッサールは、『ヨーロッパ諸学の危機と超越論的現象学』（通称：危機書）を著した。フッサールは同書において、学問が進展し、知性の発達したはずの人間がかくも悲惨に殺戮し合う理由の一つに、「生活世界」のすべてを数式によって解決できると思い込む、人間の知性に対する盲信があるのではないかと指摘している。

大義なき第一次世界大戦を憂えたフッサールは、科学・数学万能主義の行きすぎがその要因の一つであると洞察したのである。フッサール自身、哲学を探究する前は数学者であった。博士論文を数学領域で記し、数学のプロフェッショナルでもあった彼は、人類の未来を創造するはずの学問が、世界を主観と客観に二分し、その二者択一にとらわれていることに気づいたのである。[*12]現象学という学問を探究したフッサールは、数学による形式知化の行きすぎによって、日常生活の現実世界において暗黙知から生まれる意味づけや価値づけをないがしろにすべきではない、と警告したのであった。

現代の日本も、行きすぎた計画、分析、統制からなる3つの過剰に陥ってはいないだろうか。たとえば、「オーバープランニング（過剰計画）」によって、計画や決められた手続き・手順に従うことが日常になると、どうなるか。人々は指示待ちになり、創意工夫をしなくなる。計画に書かれていない想定外の事態に直面すると、思考を停止する。

「オーバーアナリシス（過剰分析）」によって、数値データの背後にある意味を見出すことよりも、情報収集そのものに重点が置かれるようになる。あるいは、表面上の数値分析から得られた空論が独り歩きしてしまい、現実の実態と乖離していく。

「オーバーコンプライアンス（過剰統制）」による過度な規則やルールは、前例や慣習に則ることが最優先される空気を醸成する。思い切った挑戦やリスクテイキングは阻害される。

フレデリック・テイラーの科学的管理法が席巻していた時代、先述したように、人間のモチベーションの源泉は外的・量的なインセンティブや罰則であると考えられていた。しかし本来、人間のモチベーションの源泉は内なる心理的欲求である。量的な管理が過度に進むと、人間の自律性は阻害されることとなる。

日常の数学化は、当然、客観性を優先する。人間の主観といった非合理性、曖昧性を排除し、法則を重視しようとする。論理的な構造が支配する完全な客観性の世界は、あらゆるものを数値

＊11　エドムント・フッサール（1995）『ヨーロッパ諸学の危機と超越論的現象学』（細谷恒夫・木田元訳）中公文庫。
＊12　野中・山口（2019）21頁。

と数式に置き換えることを試みる。科学で示されるデータや方程式からは、人間の存在や個別具体の活動における機微はこぼれ落ちる。自然を探求したはずの自然科学は、自然が持つリアルな質感を手放し、実態とかけ離れていく。[*13]

科学化・数値化の罠

歴史を振り返れば、「計測」「可視化」「見える化」は、世界を管理するための手段として多用されてきた。数値化への強迫観念は「測定執着」と呼ばれる。[*14] 定量的な指標が社会的な意思決定に使われるほど、汚職の圧力が高まり、本来管理するはずだった社会プロセスをゆがませ、腐敗させるという研究もある。[*15]

第二次世界大戦中、空軍で戦略爆撃の立案・解析に関わり、神童と呼ばれたロバート・S・マクナマラは、その後ケネディ大統領によってアメリカの国防長官に任命された。24歳でハーバード・ビジネススクールの最年少教授となり、フォード・モーターの重役として計量分析で高い実績を上げた経験を持つマクナマラは、ベトナム戦争時、「死者数」という測定基準を勝利のバロメーターに採用したという。彼は、たとえ現場から離れていても、指標管理や数値分析を行うことさえできれば、最適な戦略を編み出せると考えていた。

マクナマラの指示の下、ベトナム戦争の戦況は測定可能な指標のみで把握されることとなった。しかし、上層部に報告されるデータは矮小化されていた。数字の背後に本来あったはずの、目に見えない勝利への執念、現場の兵士の肌感覚や感情を知ろうとすることなく、机上の空論が繰り返された結果、アメリカは膨大な数の犠牲者を出し、ベトナムから撤退した。
現場で刻一刻と動いている現実は、本来複雑である。にもかかわらず、いったん指標をつくってしまうと、人間は測定可能な対象しか測定しようとしなくなってしまう。物事を単純化・矮小化して、分析・統制しようとしてしまう。晩年、数値分析に頼りすぎた自身の独善を大いに反省したマクナマラは、「汝の敵に共感せよ（Empathize your enemy）」という教訓を残した。[*16]
戦略論の大家として知られるルメルトは、1966年、まさにベトナム戦争介入本格時に、マ

＊13　村上靖彦（2023）『客観性の落とし穴』ちくまプリマー新書。
＊14　ジェリー・Z・ミュラー（2019）『測りすぎ——なぜパフォーマンス評価は失敗するのか？』（松本裕訳）みすず書房。
＊15　数値化、可視化、エビデンス信仰がもたらす弊害については、多くの研究がある。くわしくは、以下を参照いただきたい。
Campbell, Donald T. (1979), Assessing the impact of planned social change, *Evaluation and Program Planning* 2 (1): 67-90.
ジェームズ・ヴィンセント（2024）『計測の科学——人類が生み出した福音と災厄』（小坂恵理訳）築地書館、ミュラー（2019）、ジョージナ・スタージ（2024）『ヤバい統計——政府、政治家、世論はなぜ数字に騙されるのか』（尼丁千津子訳）集英社シリーズ・コモン。
＊16　ロバート・S・マクナマラ（1997）『マクナマラ回顧録——ベトナムの悲劇と教訓』（仲晃訳）共同通信社。

クナマラの講演を聴いたという。そして、「今やわれわれはどんなものでも管理できる」というマクナマラの言葉が忘れられないと述べている。[*17] 計測可能な目標を立て、それに沿って進捗状況を監視する「目標による管理（Management by Objectives：ＭＢＯ）」こそが、当時のマクナマラの勝利の方程式であった。

ＭＢＯは、ピーター・Ｆ・ドラッカーによって提唱された手法で、本来は「Management by Objectives and Self Control」のことを指す。目標（Objectives）と自己統制（Self Control）を組み合わせた経営手法であるが、日本ではこうした考え方が普及する過程で「自己統制」の部分が抜け落ちてしまい、「Management by Objectives」として広まってしまった。しかし、本来のＭＢＯの真髄は、抜け落ちてしまった「自己統制」にある。[*18]

オーバープランニング、オーバーアナリシス、オーバーコンプライアンスは、経営を科学化・客観化する試みから生じたものである。もちろん、経営を可視化することは重要であり、曖昧なままでは対処できない事象も多くある。しかし、データや数字だけからはイノベーションが生まれないことも再認識しておく必要があるだろう。

「形式論理」偏重社会

近年、形式知偏重による論理分析や管理が行きすぎている。たとえば、本来、経営ツール（制度・仕組み・プログラムなど）は目的実現のための手段であるはずである。しかし、こうした経営ツールの導入自体が目的化してしまうような事態が、経営の現場で繰り返されていないだろうか。
モノマネの道具や流行のツールに踊らされてしまう事態を、経営学者の楠木建らは3つのトラップになぞらえて分析している。旬の経営手法やツールの導入が問題解決につながると思い込ませる「飛び道具トラップ」、あるいは「○○革命」「100年に1度の○○」などの言葉で時流に乗れとあおる「激動期トラップ」、時間的・空間的に遠いもの（昔のもの、海外のもの）が良く見えてしまう「遠近歪曲トラップ」にはまる企業は多い。[*19]
素晴らしい経営手法やフレームワーク、仕組みが整備されたとしても、組織の構成メンバー一人ひとりが、「何のために」という目的から外れずに、実践をもってそれらを使いこなさなければ、効果は限定的なものとなる。また、よその企業で成功した経営の道具やベストプラクティスをそのまま導入したからといって、同じ成果を得られる保証はない。組織によって内外の環境、風土、文化といった文脈が異なるからである。制度自体が精巧に設計されていたとしても、導入の仕方や運用方法を間違えると、宝の持ち腐れどころか、導入前よりも事態を悪化させてしまう

＊17　ルメルト（2023）391頁。
＊18　坪谷邦生（2023）『図解 目標管理入門――マネジメントの原理原則を使いこなしたい人のための「理論と実践」100のツボ』ディスカヴァー・トゥエンティワン。
＊19　楠木建・杉浦泰（2020）『逆・タイムマシン経営論――近過去の歴史に学ぶ経営知』日経BP。

ことさえある。

ツールが直接管理したり測定したりするのは、あくまでデータや情報である。すなわち、量に変換される性質のものといっていいだろう。量のみに着目すると、どうしても、暗黙的なもの、質的なものは抜け落ちてしまう。さらに、データ資本主義の行きすぎによって過度な可視化と定量管理を現場に課してしまうと、マイクロマネジメントや短期志向が助長されるのみならず、現場の人間が失敗を恐れ、挑戦しなくなる。

その最も象徴的な例の1つがＰＤＣＡである。ＰＤＣＡ（Plan；計画→Do；実行→Check；評価→Action；改善）は、品質管理の父として知られるＷ・エドワーズ・デミングの考え方から影響を受け、戦後の日本において広まった生産管理および品質管理の手法である。ＰＤＣＡは、高い品質を追求しながらも、短納期・低コストで製品を生産する日本企業を支える大きな柱となった。

しかし、社会学者の佐藤郁哉によれば、ＰＤＣＡは継続的な業務改善には向いているものの、経営管理活動には必ずしも適さない手法であるという。佐藤は、ＰＤＣＡは「計画のためのＰ（絵空事）」と「評価のためのＣ（マイクロマネジメント）」に陥りやすいと警告する。[*20]

テイラーらによる科学的管理手法から発展した経緯をもつＰＤＣＡは、感情などの人間的要素を排除する傾向にある。計画や手順が優先されると人は指示待ちになるし、創意工夫をしなくなる。想定外の事態が起これば、思考停止に陥り、対応は後手に回ることになる。ＰＤＣＡに影響を与えたデミング自身が、「口にするだけでは何も実現しません。行動することが大事なのです

(Nothing will come of this if you only speak about it.)」[21]と語っていたというから、皮肉なものである。

形式知の偏重や論理分析の優先は、人間の生き生きとした感覚質（クオリア）や直観、知的イノベーションを支える「野性」を毀損する。過度な「経営の科学化」は、人間が本来持っている生き抜く身体知である野性の発揮を阻害し、挑戦や創造の活力を奪ってしまうのではないだろうか。

ガバナンス改革の真意と二項対立

われわれは、組織的知識創造と将来の利益・キャッシュフロー創出との間にはダイナミックな関係があり、両者のダイナミックな関係こそが共通善の実現につながると考えている。

しかし、近年のガバナンス改革では、その真意が浸透せずに、短期利益と組織的知識創造が二項対立に陥っているように思われる。ガバナンス改革の目的は、企業の持続的成長と中長期的な企業価値の向上にある。そこでは、企業自身が知識創造を通じて価値を創出することが暗黙の前提とされていた。しかし、ガバナンス改革の真意が必ずしも浸透せずに、数値が独り歩きしては

＊20　佐藤郁哉（２０１９）『大学改革の迷走』ちくま新書。
＊21　Deming, W. Edwards (1950) "To Management." Speech at Mt.Hakone Conference Center (https://curiouscat.com/management/deming/deming-1950-japan-speech-mt-hakone)

いないだろうか。

コーポレートガバナンス改革により、ＲＯＥに対する企業の意識が高まった。しかしその背後で、組織的知識創造を促すはずの研究開発活動が停滞する事態が生じている点は看過しがたい。

コーポレートガバナンス改革の端緒となったのは、２０１４年以降日本取引所グループと日本経済新聞社が算出するようになった株式指数、ＪＰＸ日経インデックス４００（以下、ＪＰＸ日経４００）である。ＪＰＸ日経４００では、3年平均のＲＯＥや、3年の累積営業利益、選定基準日における株式時価総額などの基準によって、指数算出に含める企業を選定することになっている。ＪＰＸ日経４００の選定基準にＲＯＥが含まれた結果、経営指標としてのＲＯＥに対する日本企業の関心が著しく高まった。

日本企業のガバナンス改革を強く後押ししたのが、２０１４年8月に経済産業省から公表された「伊藤レポート」である。「伊藤レポート」では、企業が中期的にＲＯＥが資本コストを上回り続けることが資本主義の根幹であると論じられた。特に、欧米企業との比較において日本企業のＲＯＥが劣後している真因として、売上高当期純利益率の低迷を指摘した。

ＲＯＥは、売上高当期純利益率および総資産回転率、財務レバレッジの3つに分解される。日本企業の総資産回転率と財務レバレッジは、欧米企業と遜色のない水準にあった。しかし、日本企業の売上高当期純利益率は、欧米企業との比較において明らかに劣後しており、これがＲＯＥ低迷の真因であると議論されたのである。

「伊藤レポート」では、8%というROEの具体的な数値目標が掲げられた。この数値目標を受け、日本企業はROE向上に向けた財務戦略や株主還元への取り組みを強化するようになった。その結果、日本企業のROEは改善し、ROE低迷の真因として指摘されたROS(売上高利益率)も上昇した。[*22]

では、なぜ日本企業のROEとROSは上昇したのであろうか。こうした論点については、JPX日経400の経済的効果について検証した研究が参考になる。[*23] JPX日経400が算出されるようになったことで、企業はROEと営業利益、株式時価総額によって毎年順位づけされるようになった。この点に着目し、JPX日経400の登場が企業行動にどのような影響を与えたのか検証を試みたのである。分析の結果、JPX日経400の選定において閾値にある企業では、研究開発費が削減されていたことが明らかになった。

ROEを高めるために研究開発費が削減されたという事実は、組織的知識創造活動と利益・キャッシュフローの創出が二項対立に陥ったことを意味する。近代ヨーロッパの知性史を研究する

*22 野間幹晴(2021)「ガバナンス改革の経済的帰結——日本企業はキャッシュフローへの意識向上を」『企業会計』73(7)、16–22頁。
*23 Akash Chattopadhyay A., M. D. Shaffer, and C. C.Y. Wang (2020), Governance through Shame and Aspiration: Index Creation and Corporate Behavior., *Journal of Financial Economics* 135(3): 704-724.

歴史学者のジェリー・ミュラーは測定することや定量化することについて警鐘を鳴らしている。ミュラーによると、測定のコストが、そのメリットよりも大きくなってしまい、本当に注力すべきことから労力を奪ってしまうことが起こりうるという。[*24] つまり、ROE向上の真意は浸透せずに、「測りすぎ」の事態に陥り、企業が本来取り組むべき知識創造活動が疎かになってしまったのである。

組織的知識創造活動の軽視に陥った要因のひとつとして、アメリカの議決権行使助言会社の大手であるISSが、取締役の選任基準にROEを含めたことが指摘されている。2015年2月以降に開催された株主総会において、ISSは、経営トップの取締役選任議案に資本生産性基準を採用した。具体的には、過去5期平均のROEが5%を下回り、かつ改善傾向にない場合、経営トップの取締役選任議案に対して反対を表明することにしたのである。

ガバナンス改革は、本来的には、持続的成長や中長期的な企業価値向上という将来を展望するものであったはずである。しかし、ISSの議決権行使では、過去の数値が重視された。

ミュラーは「測定された説明責任の時代」という概念を提唱し、測定可能な目標を事前に設定することで、企業や組織の目標の範囲が狭められてしまうこと、また、測定が目的化してしまい、測定への執着が生まれることを論じている。日本企業の文脈にこれを適用すると、ROEを経営目標として掲げた企業は、企業の存在目的そのものである共通善を追求することを見失ってしまったのである。

利益をはじめとする会計数値は本来、背後にある意味を見出さなければ価値を持たない。企業活動の結果として表れる経営指標の数字に意味を見出し、その指標を高めるために行動するのは、新たな価値をつくる主体としての人間である。会計利益はあくまでも企業活動の結果である。利益の獲得そのものは、企業活動の真の目的とはなりえない。そもそも「伊藤レポート」においても、中長期の企業価値向上や持続的成長が重視されていた。近年では、企業価値の決定因子として、無形資産の重要性も指摘されている。

ガバナンス改革によって、本来は企業活動の結果であるはずのROEを高めることが目的化してしまい、組織的知識創造活動が疎かになってしまった。フッサールがその著書『危機書』において、大義なき第一次世界大戦に突入したヨーロッパに蔓延した科学万能主義を憂い、「日常の数学化」という言葉を使って警鐘を鳴らしたのは先述のとおりである。ROEを重視しすぎるあまりに研究開発費が削減されたという現実は、フッサールの警鐘に相通じる。

ガバナンス改革によって、知識創造と利益・キャッシュフローの創出が二項対立に陥り、短期利益が優先された。しかし、株主価値を重視した結果として、短期利益が優先されたのではないという点に注意する必要がある。短期利益が優先された真因は、取締役選任基準としてROEを

*24 ミュラー（2019）。

使用するという形式的な仕組みである。研究開発費の削減という短期的な経営は、企業価値の毀損をもたらす。事実、日本企業の企業価値は依然として低迷している。こうした現状は、株主の立場からも受容できることではないだろう。

2 ── 経済的価値の意味づけ

経済学における二項動態──パイの拡大とサステナビリティ

気候変動や社会課題の解決をめぐるESG活動に対する取り組みが加速している。サステナビリティに対する要請が高まったことで、企業が社会における自社の存在意義や存在目的を改めて問い直す契機となっている。

しかしながら、サステナビリティとその財務的インパクトの関係は、二項対立として捉えられがちである。「企業が事業を通じて地球環境課題や社会課題の解決をめざすことと、企業業績とは、果たして両立しうるものなのか」「企業が社会的価値の創出をめざすことは、企業業績との間でトレードオフを引き起こすのではないか」といった問題提起がしばしばなされる。

サステナビリティに寄与する活動を行ったとしても、長期的に多額の投資が必要になり、投資に見合った利益が生まれるとは限らない。結果として、サステナビリティの重要性は認識しつつも、二の足を踏む企業が出てくるのである。
スタンフォード大学の会計学者ディビッド・ラッカーらによる調査では、米国企業の経営者がサステナビリティと財務的インパクトに対してどのような考えを持っているのかがつまびらかになっている。[*25]
2019年、ラッカーらは、スタンダード・アンド・プアーズの米国株指数に含まれる1500社のCEOとCFOを対象としてサーベイ調査を実施した。その調査のなかで、サステナビリティに関するステークホルダーの要求に応えるような経営を行うと、自社にどのような財務的影響が生じるかを問う質問を行っている。財務的影響を短期と長期の2つの軸に分け、それぞれについて「高・中程度のコスト」「コストやベネフィットはない」「高・中程度のベネフィット」のいずれかを選択する形式の質問である。
短期的影響については、回答者の53％が「高・中程度のコスト」と捉えていた。そのなかで、長期的影響についても「高・中程度のコスト」と捉えていた回答者は全体の37％、「高・中程度のベネフィット」と捉えていたのは全体の12％であった。サステナビリティを重視する経営が、短期的にも長期的にも「高・中程度のベネフィット」をもたらすと考えている経営者は、全体の

＊25　Larcker D. F., B. Tayan, and E. M. Watts (2022), Seven myths of ESG, *European Financial Management*, 28 (4) 869-882.

表3－1　サステナビリティの財務的影響（％）

		長期的影響		
		高・中程度のコスト	コストやベネフィットはない	高・中程度のベネフィット
短期的影響	高・中程度のコスト	37	4	12
	コストやベネフィットはない	5	10	5
	高・中程度のベネフィット	0	0	28

（出所）Larcker, Tayan, and Watts（2022）

28％にすぎなかった（表3－1）。この調査結果からは、サステナビリティを重視した経営から短期的な利益を得られないと考える経営者、あるいは短期のみならず長期的にも利益を稼ぐことが困難であると考える経営者が多いことがわかる。

ロシアによるウクライナ侵攻後、サステナビリティの推進と利益の関係を二項対立で考える傾向がより一層強まっている。ウクライナ侵攻の結果、ESG投資を避けてきたエネルギー関連企業の業績と株価が大きく上昇した。アメリカでも、石油や石炭が経済の主翼を担っているような右派が強い州を中心に、サステナビリティ重視の経営が「社会主義に目覚めた資本主義」などと批判されるようになった。

2021年と2022年、テキサス州政府は、ESG戦略を掲げた企業をブラックリストに指定することを決定した。一方、気候変動を重視する左派からは「脱炭素のためには、もっとできることがあるはずだ」とテキサス州政府に対する批判の声があがった。サステナブルな事業を推進する企業団体として知られるアメリカン・サステナブル・ビジネス協会は、テキサス州政府を提訴した。

こうした対立は、サステナビリティと短期利益が二項対立に陥ってしまったことを象徴している。どのようにして社会に貢献するかという企業の存在意義をパーパスと定義するならば、パーパスと利益が二項対立に陥っていると言い換えることができる。

パーパスあるいは共通善については、さまざまな議論が行われている。しかし、いずれも知識創造プロセスを捨象した静的な議論にとどまっているように感じられる。たとえば、分析的な戦略論を展開してきたマイケル・ポーターは、マーク・クラマーとともに、「共通価値の創造（Creating Shared Value：ＣＳＶ）」というコンセプトを提示している。[*26]

ポーターは、ＣＳＲ（Corporate Social Responsibility）が企業と社会を対立的に捉えているのに対して、ＣＳＶは企業と社会とを相互に依存する関係として捉えていると論じる。そのうえで、ＣＳＶとは、社会課題を解決することで社会的価値を創造しながら、経済的価値を創造することであると主張する。

ポーターらは、ＣＳＶに取り組む企業として、ネスレを例に挙げている。ネスレは発展途上国

＊26　Porter, M. E. and M. R. Kramer (2006), Strategy and society: The link between competitive advantage and corporate social responsibility, *Harvard Business Review*, 84 (12): 78-92. Porter, M. E. and M. R. Kramer (2011), Creating shared value: How to reinvent capitalism and unleash a wave of innovation and growth, *Harvard Business Review* 89 (1/2): 1-17.

のコーヒー農家を支援することで、生産性と製品の品質を向上させることに成功した。同時に、農家の生活水準が高まったことで、途上国における貧困という社会課題も解決されたという。

ＣＳＲが社会的価値と経済的価値を二項対立として捉えていたのに対して、確かにポーターが主張するＣＳＶは社会的価値と経済的価値の両者を二項対立ではないものとして捉えている。ただし、動的な知識創造プロセス、そして知識創造プロセスと利益・キャッシュフロー創出の関連については、十分に議論できているとはいえない。

「非財務情報であるＥＳＧ情報を数値化し、財務諸表に組み込むこと」をテーマに研究を進めているのがハーバード大学経営大学院のジョージ・セラフェイムである。セラフェイムは、企業活動の環境へのインパクト、製品(顧客)へのインパクト、従業員・雇用へのインパクトを貨幣価値に換算して、損益計算書や貸借対照表に算入する「インパクト加重会計」を開発した。

ＥＳＧに関する研究を蓄積しているセラフェイムは、企業が自社にプラスとなるような結果を得るために、公共益を提供し、社会的役割を果たすことに力を注ぎつつあることを指摘している。[*27]そのうえで、企業に正しい道を歩ませるためには、資本市場における投資家が、企業の善行は報われるということを認識する必要があると主張している。

セラフェイムは以下のように語る。「パーパスと利益は対立し、マイナスの相関関係にあると考える人がいる一方で、両者は常に両立し、プラスの相関関係にあると考える人もいる。いずれも極端すぎる見方だ。従来のビジネス観に必要なのは、世界は変化しており、パーパスと利益の相関関係はマイナスからプラスに変わりうるという認識だ。一方、夢物語的見方には、強力な経営陣や強固な企業統治なしにパーパスと利益の相関関係をプラスに変えることはできないという視点が必要だ[*28]」

ロンドン・ビジネス・スクールのアレックス・エドマンズは、パーパスと利益を二項対立として捉える思考のことを、パイ分割のメンタリティと呼んでいる[*29]。パイ分割のメンタリティでは、企業が生み出す価値を、大きさが一定のパイと見なす傾向にあるという。

そのうえでエドマンズは、パイ拡大のメンタリティの重要性を指摘している。顧客や従業員、地域、社会などのステークホルダーへ投資することは、投資家への分け前を減らすことと同義ではない。組織の全メンバーが共通のパーパスに共感・団結し、長期的な視野を持って協力することで、すべてのステークホルダーの分け前が大きくなる可能性がある。ステークホルダーである株主と労働者、顧客、サプライヤー、環境、コミュニティ、納税者の分け前がすべて大きくなるというウィン・ウィンの思想こそが、パイ拡大のメンタリティの肝であるとエドマンズは説く。

＊27　ジョージ・セラフェイム（２０２３）『ＰＵＲＰＯＳＥ＋ＰＲＯＦＩＴ　パーパス＋利益のマネジメント』（倉田幸信訳）ダイヤモンド社。
＊28　『フォーブスジャパン』２０２３年12月号、63頁。
＊29　アレックス・エドマンズ（２０２３）『ＧＲＯＷ ＴＨＥ ＰＩＥ――パーパスと利益の二項対立を超えて、持続可能な経済を実現する』（川口大輔・霜山元・長曽崇志訳）ヒューマンバリュー。

経営学者田中一弘は、渋沢栄一が提唱した道徳経済合一説の真意を読み解こうとしている。[*30] 道徳経済合一説とは、経済活動における「論語＝道徳」と「算盤＝経済」の両立を説く渋沢の考え方である。田中は、企業者として追求すべきよいこと（義）とは何か、いかにすれば利益の追求を立派に行えるのかという論点について議論している。

われわれは、知識創造活動による利益・キャッシュフロー創出という二項動態を実践することが、パーパスの実現、ひいては価値の創造に結びつくと考える。ここまで紹介したポーターやセラフェイム、エドマンズ、田中の議論は、経営における二項対立の否定という側面においてわれわれの議論と類似しているが、いずれも静的な議論にとどまっている印象を受ける。われわれは、とりわけ、経営の動的側面に着目したい。ＳＥＣＩモデルによって説明した知識創造と利益・キャッシュフローが動的に結びつくことで、企業のパーパスは実現に向かうのである。

会計数値の意味づけ・価値づけ

財務諸表に表れる会計数値はデータである。だからこそ、時として科学化・数値化の罠に陥ってしまう。会計指標によって把握されたデータを矮小化してしまうと、数字の背後にある意味を見失ってしまう。知識創造と利益・キャッシュフローの創出を二項動態として実践するためには、会計数値に意味を見出すこと、価値づけることが重要である。

京セラの創業者であり、ＪＡＬを再生したことで知られる稲盛和夫は、会計の基本的な考え方について、「原理原則に則って物事の本質を追究して、人間として何が正しいかで判断する」ことであると表現している。[*31] そのうえで、「一般に認められている『適正な会計基準』をむやみに信じるのではなく、経営の立場から『なぜそうするのか』『何がその本質なのか』ということを特に意識して私は問いかけるようにしてきた」と述べている。人間としての正しさという質的な観点から、量的な会計を思考したのである。このようにして形成された稲盛の会計観は、京セラ独自のアメーバ経営とともに社内に浸透し、京セラの成長を支えた。

プロツールの卸売業で独自の戦略を実践しているトラスコ中山は、在庫について独自の考え方を持っている。

多くの企業では、資産効率や資本生産性を測る指標として、在庫回転率（売上原価÷在庫金額）を重視している。一定期間内に在庫が入れ替わった回数を示す在庫回転率を高めるためには、在庫を圧縮する必要がある。

一方、トラスコ中山では、顧客から受けた注文のうち、在庫から出荷できた割合を表す在庫出荷率が重視される。在庫から出庫することで、納品リードタイムを短縮することができ、顧客に満足してもらうことができるからである。一般的な在庫の指標ではなく、顧客目線に立って意味

＊30　田中一弘（２０２４）『先義後利の経営——渋沢栄一が求めた経済士道』有斐閣。
＊31　稲盛和夫（２０００）『稲盛和夫の実学——経営と会計』日本経済新聞社。

のある指標をあえて重視しているのである。在庫出荷率の重視は、トラスコ中山の戦略という観点から、在庫という会計数値に意味を持たせていることにほかならない。

トラスコ中山の社長である中山哲也は、バランスシート（貸借対照表）についても独自の視点を持つ。「バランスシートに企業の実力が出る。どんな力を持っているか。どんな底力を持っているか」と語る中山は[*32]、バランスシートから企業の強みを読み取ろうとしている。

測定可能な現象だけを測定し、物事を単純化・矮小化してしまうという事態はしばしば起こりうる。ここでは、キリンビール高知支店による首位奪還の事例を紹介しよう[*33]。キリンビール（以下、キリン）の元副社長だった田村潤は、45歳のときに高知支店に支店長として赴任した。1954年以降、キリンは国内シェア1位の座を維持していたが、1987年にアサヒビール（以下、アサヒ）がスーパードライを発売すると、徐々にシェアを失っていった。全盛期に60％を超えていたキリンの市場シェアは、アサヒの攻勢によって下落した。

特に高知県では、キリンからアサヒへのブランドスイッチが顕著であった。田村が赴任した当時、高知支店の成績は全国的にも最低水準にあり、赴任の翌年には、県内シェア首位の座をアサヒに奪われた。にもかかわらず、支店で働く社員の危機意識は薄かった。

こうした危機的状況を打開するために、田村は高知支店のメンバーに「わたしたちは誰のために仕事をするのか」「わたしたちが提供する価値は何か」という質問を投げかけた。そしてメンバーたちと徹底的に議論した。議論の末に、高知支店のメンバーたちは「高知の人たちにおいしいキリンビールを飲んでもらい、喜んでもらい、明日への糧にしてもらうこと」という理念を見出した。この理念を実現するために、「どの店に行ってもいちばん目立つ場所にキリンビールが置いてあり、欲しいときに飲んでいただける状況を営業がつくる」という、支店としてのあるべき姿を共有した。

こうしたあるべき姿を実現するために、高知支店のメンバーたちは、料飲店や酒販店を一軒一軒攻略することにした。高知県におけるビールの消費量は、家庭用が75％を占めるのに対し、料飲店用は25％程度にすぎなかった。かつ、料飲店1件当たりの売り上げ規模もさほど大きくなかった。しかしメンバーたちは、料飲店で飲んだビールがおいしければ、顧客は家庭でもビールを飲むようになるはずだと考えた。そこで営業担当者たちは、料飲店の訪問回数という数値目標を設定した。各営業担当者が目標とする訪問回数を自己申告し、その目標に対して個々人が責任を持つことを営業部長との間で合意した。

こうした活動を徹底したことによって、２００１年、キリンは高知県内シェアでアサヒからト

＊32　一橋シニアエグゼクティブ・プログラムにおける講演、２０２４年3月2日。
＊33　田口佳史・田村潤（２０１８）『人生に奇跡を起こす営業のやり方』ＰＨＰ新書。田村潤（２０１８）『負けグセ社員たちを「戦う集団」に変えるたった1つの方法』（勝見明構成）ＰＨＰ研究所。

ップを奪還した。高知支店が復活すると、本社や他の支店がこぞって高知県に視察に来るようになった。本社スタッフは、高知支店の成功事例を横展開することで、キリン全社の業績回復を図ろうとしたのである。本社スタッフは、高知支店の営業担当者たちが、料飲店や酒販店に足しげく通っていることに気づいた。

キリン本社はさっそく、全国の支店に向けて、料飲店や酒販店の訪問件数という数値目標を設定した。測定可能な訪問件数を目標とすることで、営業を科学化し、業績回復を意図したのである。なかには「高知に学べ」の掛け声の下、高知支店のやり方を模倣しようとした支店もあった。しかし、「何店舗回れ」あるいは「訪問数を上げよ」と数値目標を掲げたところは、軒並みうまくいかなかったという。

高知支店では、最初の段階で「なぜ高知支店は存在するのか」という問いで自分たちの存在目的を明確にし、理念が実現した後の将来像を社員間で共有した。初めに「何のために」という生き方やロマンがあったといえる。そのうえで、料飲店の訪問件数という数値目標を設定し、それを徹底的に実践した。

こうしたプロセスを踏んだことで、たとえ成績が落ち込んでも、現場で動きながら考え続け、理念を実現しようとする覚悟が現場の営業担当者たちに芽生えていった。存在目的やあるべき姿が共有されていたからこそ、メンバーたちは執念を持って仕事に当たることができたのである。

一方、自分たちの存在目的を明示せず、将来像を共有することなしに数値目標だけで業績回復を図ろうとした支店は、高知のような成果を上げることができなかった。単に訪問回数を増やしただけでは、業績は回復しない。顧客を訪問することで実現される姿やパーパスについて、営業担当者が腹落ちしていたからこそ、訪問が業績回復につながったのである。

キリンビールの事例は、たとえ同じ企業グループ内であったとしても、成功事例から抽出された測定可能な指標による管理の再現可能性は低いことを物語っている。科学化・数値化された管理手法だけでは、経営はうまくいかない。同時に、組織に浸透した存在目的を模倣することもまた困難であることが示唆される。

高知支店のメンバーたちとの徹底的な議論を通じた知的コンバットによって、田村は「高知の人たちにおいしいキリンビールを飲んでもらい、喜んでもらい、明日への糧にしてもらうこと」という存在目的を見出した。複雑な顧客や市場の様子を観察することで、メンバー間で共有するに至った理念である。徹底的な議論が行われたからこそ、社員たちは腹落ちしたのである。

田村は、支店としての理念を共有し、自分たちのあるべき姿を実現するために、現場の社員たちと徹底的な知的コンバットを行った。田村が現場をよく回っていたのは確かであるが、実はそれと並行して誰よりも数字を見ていたのではないか、と田村自身が回顧している。田村が数字を観察したのは、仮説検証と新たな仮説構築のためである。

「仮説を検証するには、数字がないと始まりません。数字の奥にある意味を探ろう、と毎日のように画面を凝視していました」「自分たちの活動に意味があれば、必ず数字に表れます。表れていないなら、どこかに問題がある。それは方針の間違いなのか、あるいは実行度が低いからか。いずれにしても、考えるきっかけになります」と田村は述べている。田村は、数値データに意味を見出し、価値づけを行っていたのである。[*34]

もちろん、科学的に経営を行うために、会計数値を使用することも大切である。会計数値を含む科学的データによって、経営を可視化することができる。われわれは、経営の科学化を否定したいわけではない。会計数値にもとづいた客観的な根拠はさまざまな点で有効である。経営を行ううえでは、曖昧なままでは対処できない事柄も多くあり、会計数値を示すことで初めて説明される事象もある。物理学や数学といったサイエンスと同じように、会計で使われる手法は現象を理解するのに役立つ。ただし、「サイエンスの手法で得られる結論は、より正確かつ重要だ」という発想自体については、真剣に問い直すべきである。[*35]

精神分析学・現象学者の村上靖彦は、数字への素朴な信仰、あるいは数値化できないはずのものを数字へ置換しようとする傾向を問い直したいと主張する。[*36] 客観的な視点から得られた科学的なデータは、個別の人生の具体的な厚みと複雑な経験に照らして理解するときに、初めて意味を持つからである。

会計数値などの客観性なデータは、確かに外発的動機につながる可能性がある。しかし、科学的データが内発的動機に結びつくことはない。外発的動機が短期間で効果を発揮することもあるかもしれないが、心の中の動機、すなわち内発的動機をかえってそいでしまうことがあることを忘れてはいけない。[*37]

ヒューマナイジング・ストラテジー、すなわち人間らしい経営を実践するためには、会計数値に対する意味づけ・価値づけが欠かせない。

3 — 知識創造と利益・キャッシュフロー創出による価値創造

知識創造と利益・キャッシュフロー創出による価値創造について考えるうえで、ここではオムロンと丸井グループ、エーザイの事例を紹介したい。すでに序章で紹介したダイキン工業、バンダイナムコ、アイリスオーヤマ、ユニ・チャーム、前章の二項動態経営の実践事例として紹介した清水建設、日立製作所、ソニーグループ、ホンダ、セブン&アイ・ホールディングスなども、同様に知識創造活動を実践し、結果として利益・キャッシュフローを創出し、また次の知識創造活動の実践へと向かうプロセスを継続することを志向している。

＊34　田村（2018）。
＊35　スタージ（2024）。
＊36　村上（2023）。
＊37　ミカエル・ダレーン、ヘルゲ・トルビョルンセン（2024）『数字まみれ――「なんでも数値化」がもたらす残念な人生』（西田美緒子訳）東洋経済新報社、100頁。

○企業理念の継続的な再定義——オムロン

オムロンは、創業以来、社会的課題の解決を行ってきた。その歴史を紐解くと、オムロンは自社の企業理念を再定義し続けてきたことがわかる。1959年、同社は社憲「われわれの働きでわれわれの生活を向上し　よりよい社会をつくりましょう」を制定した。1990年には社憲の精神を企業理念へと発展させ、企業理念を軸にした経営を実践している。

2022年度の株主総会において、同社は定款に企業理念の実践を記載することを決定した。その目的は、社会の発展と企業価値の向上をめざすというオムロンの経営の根幹は、今後も普遍であることを明確にすることにあった。同時に、大切にする価値観として「ソーシャルニーズの創造」「絶えざるチャレンジ」「人間性の尊重」を掲げた。この価値観にも共通善（存在意義、存在目的）を追求しようという姿勢が表れている。

オムロンの知識創造の原点は、創業者の立石一真が提唱した「サイニック（SINIC）理論」にある。[*38] 立石は、1970年に科学・技術・社会それぞれの円滑的な相互関係から未来を予測するサイニック理論を構築し、国際未来学会で発表した。以来オムロンは、この理論を未来シナリオとし、経営の羅針盤としている。

オムロンは、2030年に向けて変化する社会を見据え、2022年度の新たな長期ビジョンとして「シェイピング・ザ・フューチャー2030（以下、SF2030）」を設定した。SF2030の特徴は、同社のコア技術である「センシング&コントロール＋Think」を軸に全社員が企業理念を実践し、持続可能な社会をステークホルダーとともにつくっていくという思いが込められている点にある。

「全社員」による挑戦を示す例として、現在同社が全世界で取り組んでいるザ・オムロン・グローバル・アワード（ＴＯＧＡ）がある。ＴＯＧＡは、企業理念実践の物語りをグローバル全社で共有することで、オムロンの企業理念を全社員に浸透させ、共感と共鳴の輪の拡大を促す取り組みである。

ＴＯＧＡのきっかけとなったのは、インドネシアにある生産拠点の社長のイラワン・サントソによる企業理念の実践であった。[*39] サントソは、自社工場だけでなく周囲の工場、インドネシア政府をも巻き込んだ障がい者雇用を促進した。この取り組みは、２０１２年の創業記念式典で企業理念を実践した事例として「特別チャレンジ賞」を受賞した。

当時、社長だった山田義仁が「彼のように企業理念を実践した事例が他にもたくさんあるはずだ。現在、そして未来に向けて皆が取り組んでいる企業理念実践の物語を掘り起こしたい。そして、その取り組みを皆と共有し、応援し、称賛したい」と考え、ＴＯＧＡを開始した。

２０２３年９月に開催された「第11回ＴＯＧＡグローバル大会」では、エントリーされた全世

*38 冨田雅彦「人的資本経営とＴＯＧＡ」（https://www.omron.com/jp/ja/edge-link/news/698.html）。
*39 オムロン・ウェブサイト（https://www.omron.com/jp/ja/about/corporate/vision/initiative/#second）。

界で６９３０テーマ、延べ5万人超のなかからゴールド・特別賞18テーマが選ばれた。各テーマを発表するプロセスでは、世界各地でさまざまな議論が行われ、最終的にグローバル大会で発表される。オムロンではＴＯＧＡを通じて、各地域そして全世界で社員同士による知的コンバットを実践しているのである。

理念を実現するべく、オムロンは企業価値の向上にも取り組んでいる。オムロンは「私たちは、『企業は社会の公器である』との基本的考えのもと、企業理念の実践を通じて、持続的な企業価値の向上を目指します」という経営スタンスを明確にしている。企業価値向上のために、利益・キャッシュフローを創出すること、さらにはＲＯＩＣ逆ツリーの実践などを通じて、株主との対話にも積極的である。２０２４年3月期は業績が悪化したものの、２０２３年3月期には売上高８７６０億円、営業利益１００６億円、当期純利益７３８億円を計上した。

○世界から二項対立をなくすことをめざす――丸井グループ

丸井グループでは、3代目社長の青井浩が企業変革に取り組んでいる。丸井グループは同社のミッションを「すべての人が『しあわせ』を感じられるインクルーシブな社会を共に創る」と定めている。２０１９年、同社は、２０５０年に向けたビジョンとして「ビジネスを通じてあらゆる二項対立を乗り越える世界を創る」を宣言した（ビジョン２０５０）。丸井グループは、二項動態経営にコミットする企業の一つである。

従来の小売業は、店頭でモノを販売する業態だと捉えられていた。しかし、丸井グループは「売らない店」というコンセプトを掲げている。「売らない店」では販売はせず、顧客に対して試食や試着などの体験を提供する。顧客が実際に商品を買いたいときは、ＥＣサイトで購入する。リアルとオンラインの二項動態である。

加えて丸井グループは、エポスカードを中心としたフィンテック事業でも成長をとげている。ＥＣサイトでの購入でエポスカードが使われれば利益が得られるというわけである。「小売かフィンテックか」という二項対立ではなく、「小売業でありながら金融業」という二項動態にもとづく事業を展開している。

「売らない店」というコンセプトを掲げたものの、小売というビジネスに憧れて入社した社員のマインドは容易に変革しなかった。青井は「創業家出身の社長だからといって、社員は社長の方針に無条件で従うわけではない。社員との対話を繰り返すしかなかった」と述懐している。[*40] 青井と社員の対話による知的コンバットによって、「売らない店」というコンセプトに共感する社員が徐々に増えていった。

先述の「ビジョン２０５０」において青井は、「なぜ『二項対立』を乗り越えたいのか」という

＊40　一橋大学大学院経営管理研究科の講義「グローバル・リーダーシップ」における講演、２０１６年12月21日。

問いに対して、「世界から『二項対立』をなくすことがすべての人の『しあわせ』につながり、インクルーシブで豊かな社会を実現するからです」と答えている。２０２３年の共創経営レポート（統合レポート）のなかでも青井は「自らが実験台となり『利益追求』と『社会課題解決』の二項対立を乗り越えます」と宣言している。

この宣言を実現するべく、同社は「手挙げの文化」[*41]を醸成し、利益・キャッシュフローの創出を重視した経営を実践している。丸井グループでは、会議やプロジェクト、勉強会には希望者だけが参加する。希望者多数の場合は、それぞれがレポートを提出し、それをもとにメンバーが選ばれる。出席者の年代や性別に関して多様性が担保されるような仕組みである。社内の異質を集めることにより、知的コンバットを行う場を整備しているのである。

ＥＳＧ活動についても、サステナビリティ経営のテーマに沿って、社員が自主的に立ち上げるプロジェクトを中心に行われる。そこには「やらされ感」や「強制」はない。自律的な「やりたい」ことへの支援に徹して、社会への貢献、企業の長期的成長、そして、従業員の内発的動機づけをバランスさせているのである。

丸井グループは利益・キャッシュフローの創出に対するこだわりも強く、他社に先駆けてＲＯＩＣの開示を行ってきた。統合レポート説明会も積極的に実施し、株主の非財務情報に対する関心を高めようとしている。[*42]利益・キャッシュフローを創出することで、株主の要求と期待に応えようとしているのである。２０２４年３月期には売上収益２３５２億円、営業利益４１０億円、当期純利益２４６億円を達成した。さらに、同業他社と比較して、株式市場からも高く評価されている。

○組織的知識創造による持続的イノベーション――エーザイ

エーザイは、ｈｈｃ理念の下、患者のニーズを満たすべく、知識創造理論にもとづいたイノベーションの実現に取り組んでいる。先に紹介した就業時間の１％を患者とその家族とすごす共同化のほか、ｈｈｃ活動と呼ばれる理念の実践活動がグローバルに展開され、根づいている。これは、チームによるプロジェクト活動であり、共同化で獲得した暗黙知を、仲間との知的コンバットを通じて表出・練磨し、現実の只中で実践される。その成果は毎年、共有され、評価され、賞賛される。

世界で初めて、組織的知識創造理論を経営に応用したエーザイが、２００５年の株主総会において、企業理念の定款への記載を決定したことは先述のとおりである。当時としては、非常に画

＊41 「野中郁次郎の経営の本質　代表取締役社長 ＣＥＯ　青井浩」『WORKS』２０２１年10月８日（https://www.works-i.com/works/series/management/detail003.html）。
＊42 「丸井グループ青井社長『統合報告で社内をひとつに』日経ＢＰ ＥＳＧ経営フォーラム発足記念シンポジウム開催リポート（３）」『日経ＥＳＧ』２０１８年４月16日（https://project.nikkeibp.co.jp/ESG/atcl/feature/040900006/?P=2）。

期的であった。

患者とその家族に満足してもらうことは容易ではない。改めていうまでもなく、売り上げや利益を一義的に求めると、イノベーションは生まれなくなってしまう。エーザイはｈｈｃにおいて、「利益は目的である共通善の結果として得られる」と表明している。利益と共通善の関係を明確にしたうえで、利益の獲得をめざす姿勢を示しているのである。同社は、経営活動の先行指標あるいは結果指標として、資本生産性など財務・会計指標を徹底追求している。

エーザイは、柳モデルや従業員との関わりを人財マネジメントと定義したうえで、株主と対話を行うことで、株主からも特に高い評価を得ている。たとえばエーザイは、人財投資の効果を定量化した「従業員インパクト会計」を開示している。

「従業員インパクト会計」は、エーザイ単体の給与総額を出発点に、「賃金の質（年収に合わせた限界効用や男女の賃金格差）」「従業員の機会（昇格昇給における男女差）」「ダイバーシティ（日本とエーザイの労働人口の男女比）」「地域社会への貢献（地域の失業率とエーザイの従業員、エーザイの平均年収と失業保険や生活保護などのセーフティーネットとの差分を掛け合わせたもの）」を調整し、社会的インパクトを算出したものである。２０１９年度の算出では、２６９億円の価値を創出したとされた。[*43]

２０２３年1月に、アメリカでアルツハイマー病治療薬「レカネマブ」が承認されたことは記憶に新しい。アルツハイマー病の進行スピードを劇的に抑制するレカネマブは、米バイオジェンとの共同開発ではあったものの、エーザイが主導した日本発のイノベーションである。先に紹介したように、患者とその家族との共体験を通じた共同化に象徴されるような全社を挙げたイノベーション活動によって、画期的な新薬を創出し、結果的に経営指標を達成することを徹底追求する、二項動態経営を実践したのである。

4 ― 知識創造と利益・キャッシュフロー創出のダイナミック・プロセス

オムロンや丸井グループ、エーザイの事例は、知識創造と利益・キャッシュフローをダイナミックに追求することで、価値が創造されることを物語っている。

この三社は、次の三点で共通している。まず、共通善の実現のために知的コンバットを実践し、知識創造を行っている点である。次に、知識創造と利益・キャッシュフローの創出の間で、設備投資やR&D、M&Aなどさまざまな有形資産・無形資産に対する投資を行っている点である。さらに、利益・キャッシュフローを創出し、株主と対話を行うことで、株主からの信任を獲得している点である。

利益・キャッシュフローを創出することによってはじめて、自社が解決したい課題解決へ向け

＊43　エーザイ・ウェブサイト「人財戦略」(https://www.eisai.co.jp/sustainability/society/employee/strategy/index.html)。

図3−1　知識創造と利益・キャッシュフローによる価値創造

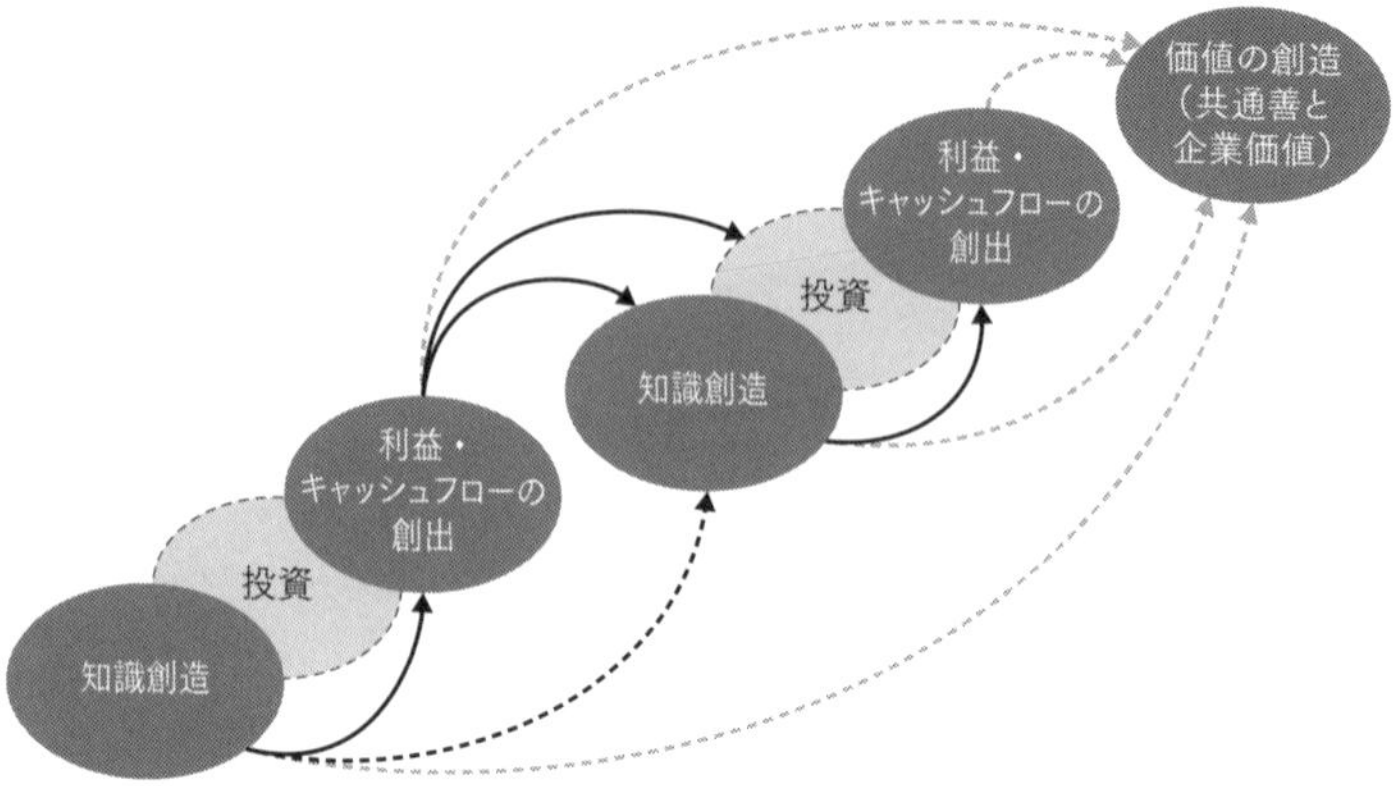

（出所）筆者作成

た次なる知識創造に取り組むことができる。逆に言えば、利益・キャッシュフローの創出なくしては、知識創造を継続することができない。利益・キャッシュフローを創出せずに、企業価値を毀損し続けていると、知識創造プロセスについて株主からの承認が得られないからである。

知識創造と利益・キャッシュフローの創出がダイナミックに結びつくことによってはじめて、価値が創造される。ここでいう価値は、企業価値のことだけを指すのではない。企業が顧客や従業員、地域、社会にもたらす価値（共通善）である（図3−1）。

二項動態経営を実践するバンダイナムコグループの川口勝社長は、われわれとの議論のなかで「稼がないことには続かない」と述べたことがある。[*44] この発言には、利益・キャッシュフローを稼ぎ続けることによって、次のイノベーションに取り組むことができるという川口の考えが色濃く反映されている。

株主との対話が知識創造を護る

オムロンと丸井グループ、エーザイの三社は、ＣＥＯやＣＦＯによる株主との対話についても、投資家から高く評価されている。そうした対話を続ける目的の一つに、株価などの企業価値向上があることはいうまでもない。

ただし、これらの企業は、企業価値を高めることだけを目的として株主との対話を行っているのではない。成果を上げるまでに、ときとして長い期間と多くの経営資源の投入を必要とする知識創造を継続するために、ＣＥＯやＣＦＯが株主との対話を行っているのである。企業にとって、自社が取り組みたいこと、解決したいこと、成し遂げたい共通善について株主からの理解を得ることは必要不可欠である。株主との対話が知識創造を護るのである。

＊44　野間幹晴による川口勝氏へのインタビュー、２０２４年３月29日。

終　章

新しい「日本的経営」の創造

Dynamic Duality

本書は「日本的経営に回帰せよ」という懐古主義を主張するものではない。ただし、過度に自己否定したり、自信喪失する必要もないと考えている。むしろ、「日本的経営」に対するステレオタイプのイメージを捨て再創造することを提言したい。

もちろん、閉鎖的で固定化された官僚主義的な組織にイノベーションは起こせない。意図的にカオスやゆらぎをつくり出してうまく創造的破壊を起こし、多様な知を内包して創造性を高めることができるか。そのダイナミックバランスによる価値創造こそが二項動態による集合「実践知」の創造であり、日本企業のなかにその実践例はたくさんある。

先述の世界競争力ランキングを発表しているＩＭＤ世界競争力センター所長のアルトゥーロ・ブリス教授は、２０２２年度の結果（日本は34位）を分析し、「ランキングは、各国の２５０サンプルのデータの分析・計測から出しています。３分の２は世界銀行や政府機関の統計データ。残り３分の１は企業幹部自身の回答データです。幹部たちには各項目10点満点で評価してもらっていますが、２０１４年と比べ、どの項目も軒並み評価が下がっています。つまり日本のエグゼクティブたちが、マネジメントへの自信を失っているのも、順位の低迷の一因と言えます」と語る。[*1]

経営学者の岩尾俊兵は、海外でもてはやされ、日本に輸入される経営手法が、実は日本に起源があることが多い点を示し、「日本の経営はダメなんだ、すべてをアメリカから学ぶんだ、という結論に飛びつきやすくなる」傾向に警鐘を鳴らす。[*2] 岩尾は、オライリーらの「両利きの経営」にも日本のカイゼンに関する研究が影響していたことを指摘する。ほかにも、リーン・スタートアップやボトルネックなど日本における経営実践が源流にあったにもかかわらずメイド・イン・アメリカのコンセプトとして日本で受け入れられていたり、オープン・イノベーションやデザイン思考も、日本の経営実践が一部影響しているものが多くあるという。

岩尾が危惧しているのは、「経営技術の逆輸入は、日本企業の経営に実害を生むこと」「強みを捨てて弱みを取り入れるという愚行に走ること」「『本当に学ぶべき対象』を見誤らせてしまう」ことだ。[*3]

経営学者ウリケ・シェーデも、悲劇バイアスにかかっている日本が早く悲観論から脱却するべきだとエールを送る（『シン・日本の経営──悲観バイアスを排す』日経プレミアシリーズ）。

ソフトウエア開発業界を席巻するアジャイル開発の手法「スクラム」も、日本に源流がある。野中が竹内弘高と１９８９年に『ＤＩＡＭＯＮＤハーバード・ビジネス・レビュー』に発表した

＊１　ＩＭＤホームページ「世界競争力ランキングから見た『日本低迷』の理由」(https://www.imd.org/news/japan-2023-05-world-competitiveness-ranking/)
＊２　岩尾（２０２３）24頁。
＊３　岩尾（２０２３）28－29頁。

“The new new product development game（新しい新製品開発手法）”を理論的基盤にした、と「スクラム」の開発者であるジェフ・サザーランド博士が述べている。[*4]

論文は、ホンダや富士ゼロックスや3Mなどの製造業を対象にしていたが、サザーランドは「分野を問わず、人間がチームになって仕事をする際のプロセスの基本をとらえていると感じた」[*5]と述べている。

サザーランドが、のちに「スクラム」として誕生させる際に参考にした点は以下のようなものだ。チームは機能横断的であり、主体性があり、権限委譲されている。チームには、境界を越えた大きな目標があり、管理部門から口出しされることなく、自分たちの枠を超えた大きな目的に向かう。管理職は、サーバント的であり、障害を取り除くことに徹し、マイクロマネジメントはしない。その姿は、「チーム内でボールをパスしながら、チームは一団となってフィールドを進む」ラグビーになぞらえられた。サザーランドが応用した日本企業の「全員経営」の特質は、いま、「スクラム」という新しいソフトウエア開発手法となって、日本に逆輸入されているのである。

日本には、中長期的に蓄積してきた知を体系化し、集合知として活かすことで新しいイノベーションを起こし、自己変革を成功させ、環境変化を生き抜いてきた企業が多く存在する。

たとえば、富士フイルムホールディングス（以下、富士フイルム）は、2000年以降、デジタル化の波によって、本業であった写真フィルム市場は消えつつある危機に直面していた。同じ写真フィルムメーカーであった米名門企業イーストマン・コダックは、2012年に倒産した。

2000年、古森重隆が社長に就任し、写真フィルム事業で培った技術を使い、どのような新規事業分野が可能か、〝知と技術の棚卸し〟が全社プロジェクトで進められた。[*6] 古森による第二の創業以降、抜本的な事業構造改革に加えて、コアテクノロジーを水平・垂直に展開して、新規事業の戦略ドメインを考え、変化に対応した。

結果、スキンケア化粧品やサプリメントなど予防領域に進出すると同時に、化学物質のデータベースを活かし、医薬品の治療領域へも事業を拡大した。それが、いまや売上高の半分以上を占めるディスプレー用の素材や医療業界向け製品である。

写真フィルムと化粧品は商品としては互いに異質で非連続だが、知識体系においては地下水脈でつながり、連続性がある。知識ベースで技術をとらえ、常識的には結びつかないもの同士を二項動態してイノベーションを実現し、自己変革を達成したのである。

＊4　ジェフ・サザーランド（2015）『スクラム――仕事が4倍速くなる〝世界標準〟のチーム戦術』（石垣賀子訳）早川書房、50頁。
＊5　サザーランド（2015）51頁。
＊6　「野中郁次郎の成功の本質　64回アスタリフト／富士フイルム」『Works』2012年10月号。

富士フイルムは創業90周年を迎えたが、実はTOPIX100のうち9割が創業50年以上の企業である。またその5割を占める創業100年以上の企業の時価総額は2024年5月末までの10年間で157兆円増え、伸び率は全体の2・3倍を上回り、アップルなどアメリカの主要100社（S&P100、2・9倍）の伸びに迫っているという。2023年度までの10年間での純利益は2・5倍、売上高は1・5倍になった。いずれも全体平均（2倍、1・4倍）を上回る。[*7]

歴史の古い企業は、さまざまな環境変化の波にさらされながらも、試行錯誤しつつ、ときに停滞しながらも自己変革を諦めず、浮上することを繰り返してきた。企業の成長ステージが進めば、当然、従業員やステークホルダーの数は増え、組織プロセスが複雑化し、固定化していく。また、それらを強化する仕組みやシステムがさらに拍車をかけることで、自ら変化を生み出すことは困難さを増す。しかし、その経路依存性や慣性、抵抗勢力に屈することなく、異質性を二項動態しながら生き抜いてきた持続的成長企業は、確かに存在するのである。

1 — 組織的な守破離のための「二項動態」的クリエイティブ・ルーティン

動態経営理論である知識創造理論は、長期的にめざす共通善と目の前の現実との往還運動によって自己変革を促す知の作法として、「創造的な型（クリエイティブ・ルーティン）」を提唱してきたことは先述したとおりである。企業の進化プロセスにおける「効率性」を維持・強化する「ルーテイン」[8]とは異なり、個別の文脈に応じて創造的な判断実践を促す、組織内で暗黙的に共有されている行動規範・行動様式である。二項動態経営の組織は、創造的な組織の型を有している。それは、組織としての「生き方」「生き様」を示すものであり、「守破離」を繰り返しながら、進化していく性質を持っている。

「守破離」は、室町時代の能役者であった世阿弥の言葉とされている。「守」とはお手本どおりに行い、基本の型を守ることであり、「破」は基本を外れて自分なりのやり方を試行錯誤しながら見つけていくこと、「離」は基本から完全に脱し、まったく新しい「型」を創造することを意味する。基本を忘れず、立ち戻りつつ、過去の自己を創造的に破壊しつつ、新しい型の創造を求め、自分を変革していく作法は、まさに二項動態である。

パーパスの実現に向けた「物語り」において、現状に満足せず日々新たに「生き方」を追究するためには、組織のメンバー一人ひとりに「何をなすべきか」という行動指針を示すことが重要だ。

行動指針は、状況に応じて自分の判断で体現し、その実践を繰り返すことで身体化させねばな

＊7　『日本経済新聞』2024年7月7日付朝刊。
＊8　リチャード・R・ネルソン、シドニー・G・ウィンター（2007）『経済変動の進化理論』（後藤晃・角南篤・田中辰雄訳）慶應義塾大学出版会。

らない。先述したように、行動指針としてのスクリプトは「マニュアル」ではない。状況に応じて自分の判断で行動し、その実践を繰り返すことで、無意識の行動規範となり、身体化されていく。身体化されたスクリプトは、やがて組織を形づくる「型」となって「制度化」される。

そしてそれは、個人や組織が持っている思考・行動様式のエッセンスとなり、現実からのフィードバックによる自己革新プロセスが組み込まれている「クリエイティブ・ルーティン」になるのだ。

野中らは『野性の経営』（KADOKAWA）において、タイの組織的なソーシャルイノベーションの物語りから普遍的なスクリプトを読み取った。クリエイティブ・ルーティンとしての大きな特徴は、一見相反するような行動を偏ることなく、バランスをとりながら行っている、ということであった。実践知とは「あれかこれか（either/or）」の二項対立ではなく、「あれもこれも（both/and）」の「二項動態」的な思考や実践である。新たな価値を生む創造的な実践には、この二項動態が欠かせない。このクリエイティブ・ルーティンは、本書で取り上げた企業事例にも普遍的なものであり、再掲したい。

これらの二項動態を可能にするクリエイティブ・ルーティンを同時に追求することは、非常に労力も時間もかかる難しいものばかりである。しかし、自己変革を達成するためには実践が不可欠なものばかりである。

●「共通善を追い求める」&『いま・ここ』を歩き、感じる」
●「人々を信じ、衆知を活かす」&「対話し、覚悟を問う」
●「言葉に魂を込める」&「ともに汗を流す」
●「壮大な物語りを描く」&「小さくても、すぐに成果を出す」
●「大胆に挑戦する」&「細部にこだわる」
●「誰(何)にでも共感する(二人称)」&「生きる意味を見出す(一人称)」&「人々を巻き込み、スクラムを組む(三人称)」

「共通善を追い求める」&「『いま・ここ』を歩き、感じる」

「なぜ存在するのか」「本当に必要なのか」という存在価値・存在意義を自らに問い続け、初心を忘れないことと、現実の文脈の只中で感じ、行動することを、二項動態的に実践しなければならない。

理想を掲げながら、「いま・ここ」の只中で歩き回ることは、めざす共通善を現実の日常生活と結びつけることになる。単なる理想主義ではなく、現実との往還のなかで同時に徹底したリアリズムを追求するのだ。「べき」論を振りかざさず、思考停止せずに、当事者になって動き続けると、先が見えてくる。最初から頭で考えるのではなく、あくまで最初は五感を駆使して、現場の豊かな暗黙知を吸収し、潜在化している課題の本質をつかんでいくのだ。これは先述した理想主義的プラグマティズムである。

共通善は、未来創造の道程を照らす北極星であるだけでなく、「いま・ここ」の実践があることで深く意味づけられる。「企業理念だけでは美辞麗句に終わってしまう。重要なのは社員一人ひとりがその企業理念を腹落ちするメカニズムを組織に埋めこんでいるということだ」[*9]と語るエーザイの内藤CEOが、hhcというパーパスを意味づける共同化研修という場をつくったのは良い例である。

アメリカのプラグマティズム哲学者ニコラス・レッシャーは、「人は理想を追求する生き物である。最適な結果というものは、限界を越えたところでさらに手を伸ばしてつかもうとすることによってのみ得られる場合が多い。人は現実と可能性の二つの世界の住人なのである」と語っている（*Ethical Idealism*, University of California Press）。

人間は、「できないとあきらめるのでなく、『どうしたらできるのか？』と考える動物に進化した」と人類学者の海部陽介は語る（『人間らしさとは何か――生きる意味をさぐる人類学講義』河出新書）。ルメルトによると、「戦略は、未踏のルートの登山といくらか似たところがある。この山を征服するぞと強い野心で臨んでも、いざ登り始めればさまざまな困難にぶつかり、一つひとつ乗り越えていかなければならない。難所を一つ乗り越えるたびに新たな難所が見えてくる。次々に降りかかる困難に打ち勝ち、ときに幸運を生かしながらついに頂上を制覇した暁には、おそらく新たな野心を抱くことだろう（中略）（戦略は）、困難に次々に遭遇しては打ち勝って前へ進む旅に似ている。

（中略）生き残ることが継続的なプロセスであるように、戦略を立てることも継続的なプロセスである[*10]」。

「人々を信じ、衆知を活かす」＆「対話し、覚悟を問う」

同じ土俵に立って人々の可能性をとことん信じる一方で、相手と真剣勝負で向きあい、当事者、実践者としての覚悟を問うことを追求する。ヤマハ発動機の茨木やＪＡＸＡの津田が実践していたように、誰もが持つ潜在能力や自律性を信じ、ともに取り組むことで、人間が本来持っている野性を目覚めさせていく。もちろん、そのプロセスにおいては、挑戦による失敗、試行錯誤や回り道も許容する。同時に、知的コンバットなどを通じて、白か黒かを判断できない現実問題に、異なる思いを持つ者たちがともに向きあうのだ。そして、真剣勝負の対話を通じて覚悟を問うのである。対話で正解が見つからなくとも、まずは参画してもらうことで、ともに「より善い」をめざそうというコミットメントを引き出すことができる。メンバーの本気のコミットメントなしに、自己変革は達成できない。緊張感を伴いながら共創を行っていくのだ。

＊9　『日本経済新聞』２０２１年12月19日付朝刊。
＊10　ルメルト（２０２３）。

「言葉に魂を込める」&「ともに汗を流す」

言葉に魂を込めることにこだわりつつ、ともに汗を流して、言葉を超えた暗黙のコミュニケーションを大事にする。本質は、言葉に込めて働きかけなければ伝わらない。想いの詰まった言葉は人々の心に染み込み、言葉の意味を腹落ちさせ、自らが何をすればよいのか、という意識と行動の変革を促す。ホンダの三部敏宏は、ワイガヤの本質は侃々諤々の議論だけではなく、「書くことにある」と語る。真剣勝負で壁一面に言葉を書き出し、言葉の海のなかで、集合的に本質をともに直観する瞬間があるのだという。

言語学者の井筒俊彦は、「次々に書かれるコトバが意味を生み、リアリティを創っていくのだ。(中略)内的昂揚と緊張の状態に入った書き手の意識の深層領域の薄暗がりのなかから、コトバが湧き上がってきて一種独特な『現実』を生んでいく、その言語創造的プロセスが、すなわち『書く』ことなのである」と指摘している(『読むと書く　井筒俊彦エッセイ集』慶應義塾大学出版会)。

ＡＩは、人間が直観した本質を言語化するように、言葉を使うことはできない。人間だけが、「意味を伴う」言葉を持つ。人間は言語によって、アブダクションによる推論という「間違いを含む可能性があってもそれなりにうまくいく」思考によって、目には見えない抽象的な類似性、関係性を発見し、知識創造を続けていく契機にしている。それは、人類の歴史において、未知の領域、不確実で多様な状況のなかで、限られた情報しかなくても、現場・現実・現物で新たな意味を見出し、知を創造して生き抜いてきた野性の力である。

同時に、ともに直接経験をすれば、言葉を超えた「我－汝」の信頼関係、もしくは「我－汝」関係をつくることができる。魂の込められていない形式的論理だけでは人は動かないことを決して忘れてはいけないだろう。

「壮大な物語りを描く」＆「小さくても、すぐに成果を出す」

二項動態の方法論で挙げた、物語りアプローチと実践的推論を同時に追求する。未来創造に向けた長期の物語りをともに紡ぐとともに、まずは動いて試行錯誤してみて、小さな成功体験（あるいは失敗体験）を積んでいく。物語りを語りかけるだけでは、抵抗勢力や、コミットメントが醸成できていない関係者の協力や信頼を得ることはできない。だからこそ、短期的に成果が出る打ち手が奏功する。

長期的な視野で未来への物語りを語りながらも、信頼を得るために、即効性のある小さな実践を積み重ねる。短い周期で振り返り、機動的に見直しをして修正する、という実践と反省のサイクルを細かく回していくことで、状況に合わせて物語りのプロットは修正され、新たに加筆され、実効性あるものに進化していくのである。

このような行動様式の基盤となるのは、歴史的構想力だ。歴史的展望のなかで自らを位置づけて、未来への道筋、物語りを描く能力だ。決して刹那主義に陥ることなく、過去、現在、未来を望する長期的視野で、想像力と創造力を発揮する力である。

歴史家E・H・カーは、「歴史とは、歴史家とその事実のあいだの相互作用の絶えまないプロセスであり、現在と過去の終わりない対話なのです[*11]」と語る。動いていく現実のなかで過去と未来を行き来しながら、メタ認知で現在を意味づけ、未来の物語りを紡ぐのが歴史的構想力である。

時間的に連続する「通時性」を高めつつ、「いま・ここ」の空間の広がりの「共時性」のなかで試行錯誤し、小さな成功と失敗を繰り返しながら、ジグザグに、しかし確実に前進していくのである。

「大胆に挑戦する」&「細部にこだわる」

大胆さと細部へのこだわりを同時に追求する。

本田宗一郎の母校にある石碑には、「試す人になろう」という彼の言葉が刻まれている。可能性を信じて必死かつ大胆なチャレンジを重ねていくことでしか、新しい価値は創造できない。これは、過去に学びながらも、成功体験に過剰に適応したり、前例主義に陥ることなく、自己変革・自己超越するということでもある。

挑戦は、向こうみずであってはならない。「神は細部に宿る」というが、人々の生き方を左右するプロジェクトを背負うからこそ、大胆な挑戦のなかで動きながらも、きめ細かく熟慮する必要がある。

「誰（何）にでも共感する（二人称）」＆「生きる意味を見出す（一人称）」＆「人々を巻き込み、スクラムを組む（三人称）」

組織的知識創造は、個人、グループ、組織、環境などあらゆる存在論を含んでいることは先述した。だからこそ、あらゆる存在レベルに実践できることがある。

まずは、他者と全人的に向き合い、二人称の関係性を築く。人種、国籍、宗教、バックグラウンド、役職、肩書、地位、性別、年齢に関係なく、相手を尊重する。多様な人々の個性を大切にしたのである。

本田宗一郎は、「人を動かすことのできる人は、他人の気持ちになることができる人である。（中略）そのかわり、他人の気持ちになれる人というのは自分が悩む。自分が悩まない人は、他人を動かすことはできない」という言葉を残している（『やりたいことをやれ』PHP研究所）。自我を超えて相手になりきり、悩みあがき苦しむことで到達できる境地がある。そして、向き合い、共感する相手は、人だけに限らない。自然や環境など、そのすべてである。

次に、自らが生きる意味を追究し、リーダーはメンバーや関係者が自分たちの生き方に新たな

＊11　E・H・カー（2022）『歴史とは何か　新版』（近藤和彦訳）岩波書店。

意味を見出すことを支援する。ユダヤ人の精神科医ヴィクトール・フランクルは、第二次世界大戦中、強制収容所から奇跡的な生還を果たした。その悲惨な体験を描いた『夜と霧』（みすず書房）で、いかなる状況でも一瞬一瞬を大切にして生きる目的を追求する人間こそが耐え抜き、生き延びたことを記したが、人間の生きる意味を見出す力は何人にも侵すことはできないものである。これはＡＩには持ちえない「自律性（オートノミー）」ともいえる。未知の状況で意味を自在に創造することで生き抜いていけるのが人間である。

さらに、あらゆる関係性からスクラムを組んでいく。知恵、自然や資源、そして、「人との縁」「出会い」「人々の関係性」までを「新結合」して、新しい意味や価値を生み出すのである。それは、忖度や馴れ合い、仲良しクラブの関係性ではなく、オープンで率直な関係性だ。軋轢や葛藤、摩擦によって生まれるカオスや複雑性は、創造性を生む機会であることは先述のとおりである。

以上のような二項動態のスクリプト（行動指針）のカギは、繰り返すが「あれもこれも」をめざすことであり、いずれか一方だけに偏ると、組織やプロジェクトに硬直化や停滞をもたらしてしまう。また、このスクリプトは、「こうしたら絶対うまくいく」ということを示すものでもない。重ねて述べれば、それは文脈や状況変化に応じて繰り出すべき行動であり、そこでは〝ちょうどよい〟バランスを追求することをあきらめてはならないだろう。

2 二項動態経営モデル

二項動態のプロセス、組織基盤、クリエイティブ・ルーティン、そして利益・キャッシュフローなどの経済的価値の関係を図示化していきたい。

まず、二項動態の方向性を決めるのは、共通善であり、パーパスである。これは、組織内だけでなく、ステークホルダーすべてとの関係において共有され、一体感を醸成し、目的、意味、価値でつながった強固なネットワークを形づくる。そして、日々の行動、実践に対してバックフォワードして影響し、ときには正当化し、ときには警告する役目も果たす。何より、先述したように、存在意義を示すパーパスは内発的にメンバーを動機づける強力な力となる。

二項動態プロセスの創造性を高めるのは、カオスやゆらぎをもたらす知的コンバットのような場やスクラムである。さらに、自律分散的な組織マネジメントやミドルアップダウンは、メンバー一人ひとりの潜在能力を解放し、彼らの知を総結集する全員経営を実現することに寄与する。

SECIスパイラルは、実践知リーダーシップによって駆動し、組織全体としては、二項動態的クリエイティブ・ルーティンを実行する。その際、物語りアプローチや実践的推論などの方法論も駆使する。

このように相互に関係し合うことで、組織全体として、絶えず自己変革を迫る二項動態経営が

図4−1　二項動態経営モデル
——自己変革しながら共通善に向かう「生き方」

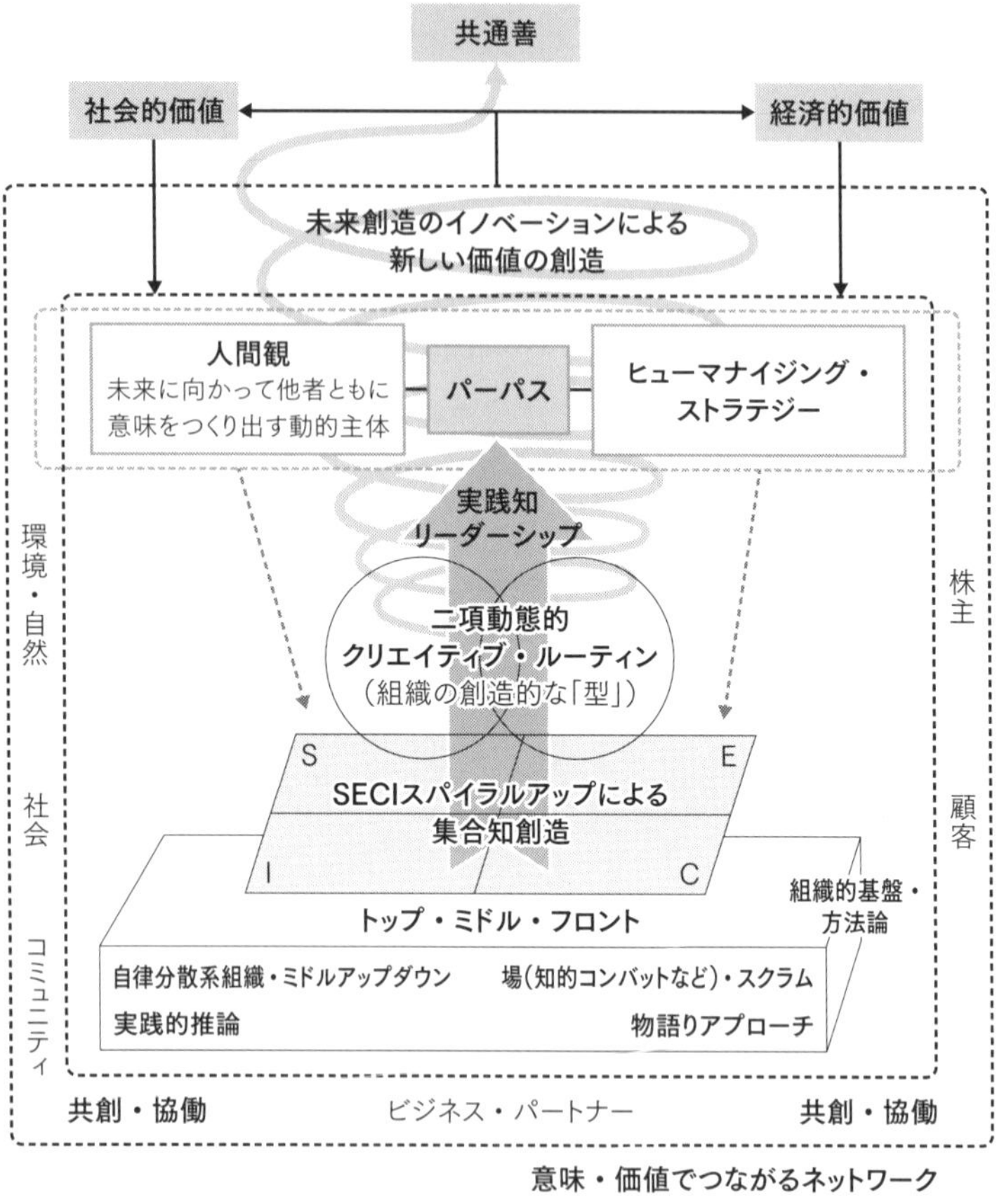

（出所）筆者作成

実現する。そして、この関係性が機能、活性化するように、お金が投資され、結果としての利益やキャッシュフローが創出される。つまり、組織的イノベーションによって、企業価値は向上し、めざす共通善へと近づいていくのである（図4―1）。これは、二項動態を通じて自己変革しながら共通善に向かう「生き方」である。

日本の社会的文脈と二項動態経営

新しい日本的経営のモデルとして、二項動態経営モデルを提示した。「日本的経営」は、当然、日本という社会的文脈に依存している。

日本における社会的文脈の特徴として、まず、「阿吽の呼吸」「啐啄同時」「行間を読む」などという言葉があるように、暗黙知を暗黙知のままに大事にすること、そして暗黙知を言語なしに他者と相互作用することが尊重されてきた。

また、現場・現実・現物を重視する「現場主義」「経験主義」も根づいている。西欧のように厳密な論理・抽象を求めることはなく、カオスや曖昧性への許容度も高い。加えて、日本語の文章は、食堂でメニューを見ながら発する「僕はうなぎだ」などのように、意味はその時々の文脈に依存しており、特定の文脈のなかでしか意味が通じないハイコンテクスト文化である。

一方で、組織的知識創造モデルの起点が、共感、直接経験、「いま・ここ・私だけ」の暗黙知であることを鑑みれば、これらは集合的イノベーションの源泉が、日本企業において非常に豊かであることも意味している。だからこそ、前章で検討したような過度な数学化や効率化、単純化、画一化、あるいは手法のモノマネによって、先に挙げた日本の社会的文脈の特徴から生まれる創造性を喪失してはいけない。

他方、集合的、社会的な知へと変換していくためには、暗黙知を源泉に、徹底した形式知化を極めることも重要である。集団思考や同調圧力によって、共感が忖度や妥協、同調に変質してしまうことも徹底して避けねばならない。それは、中根千枝が『タテ社会の人間関係』で、山本七平が『空気の研究』で、土居健郎が『「甘え」の構造』で警鐘を鳴らしてきたことでもある。

さいごに——自己変革の主体者たれ

盲目の文化人類学者、広瀬浩二郎は「見える健常者」と「見えない障害者」は二項対立の存在ではないと語る。[*12] 見えるか、まったく見えないか、ではなく、実際には弱視や乱視、遠視やあるいはその複合など人によってさまざまな見え方があるし、年齢を重ねれば自然と老眼になり見えにくくなる。しかし、不思議なことに、議論の俎上に載せると、「見える」「見えない」、「健常者」「障害者」という二分法に陥り、誰にとっても役に立たない結論を導くという現象が起きる。

このような二項対立の対立軸を決めているのは、近代的なエゴイズムにすぎず、その脱却のためには「即天去私」が必要であることを夏目漱石も訴えていた。広瀬が言うように、実際には、見える者と見えない者が住む世界は地続きであり、多彩な見え方のグラデーションが広がっているのだ。

繰り返しになるが、一見相反しているように見える物事や事象を、白か黒かと、都合よく二分し対立項にしてはいけない。私たちが生きている時空間は、グラデーションでつながり相互作用している世界なのだ。ただ一つの絶対的な真理がある、という普遍主義に偏ってはならないことはもちろんだ。また、多様性を認め合い尊重することと、極端な相対主義に陥ることとは違う。

人は、一人ひとり違う。しかし、人は人との関係性で生きていくし、人との関わりで「人」になる。異なるものを異なるものとして関わることを避けてはいけない。自分のセイフティゾーンから一歩踏み出すのである。異質なものとありのままに向き合い、相互に関わり合い、何が同じで何が違うかを探り合うことが出発点になる。

絶対的な善や真理はなくても「より善い」にともに向かおうではないか。衝突や軋轢が生じても、「われわれの主観」という共感を媒介に、あらゆる知を結集しともに時空間をつくっていく。泥臭く、しぶとく、ダイナミックに相互作用し続けていれば、地に足がついているけれどもこれまでの延長線上ではないイノベーティブな発想に出合える瞬間が訪れるだろう。

二項動態という考え方は、当然、経営学にとどまるものではない。社会科学や人文科学全般で

*12 広瀬（2022）。

も同様の議論がなされている。複雑怪奇な政治の世界は、非合理に満ちている。ＡＩに政治プロセスは無理だという議論もある。現実の変化する局面で、新しい価値をつくって前に進んでいくことを説明する「二項動態経営」論は、政治学の世界でも有効だ。

国際政治学者の高坂正堯は、理想主義が跋扈し、方法的純粋さと論理的完璧さを追求することに走っていた戦後のアメリカ社会科学の潮流から距離を置いた。海洋国家としての日本の「生き方」を示した高坂は、慎重さと冒険、「非英雄主義」と「英雄主義」をつなぐのが政治の技術だと語る。[*13] 現実主義者である彼は、理想主義者との対話と同時に現実主義者を変質させることと、そして、力の必要性とその恐ろしさの間合いをとること、という二項動態を政治学でめざした。

経営学に大きな影響を与えた経済学でも、数学的な理論モデル、合理的に行動する経済人モデルを前提にした新古典派を脱却する動きが活発だ。非合理な人間の行動を前提にし、心理学を取り入れた行動経済学が発展し、ダニエル・カーネマンやリチャード・セイラーなど、15年間で3件ものノーベル経済学賞の受賞は行動経済学関連となった。

経済学全般において、限定的な条件の下の演繹的推論には限界がある。現実世界をより反映させるために、人間や社会のありようについての理解を深めることが欠かせないと指摘されている。[*14] 歴史や哲学などの人文知と、統計・数学などの科学知への『失敗の本質』の示唆は、過去の成功体験への過剰適応だったが、現代は、失敗経験に対する「反省」への過剰適応ともいえる。自信を失い、モノマネ経営をするのは、いい加減卒業する時期ではないか。かつてヒューマナイジング・ストラテジーを展開していた日本的経営の良さを新しい形で再創造するのである。

ソニーの平井一夫は、人格でマネジメントを行った、と自ら振り返っている。平井は、事業再編やリストラ時も矢面に立って一人ひとりと向き合った。現場を飛び回り、目と目を合わせて、言葉を尽くして語り続けた。戦略立案はＩＱの高い人々に任せて、コミュニケーションをする役割を最優先にした。そのような言行一致の姿勢が、従業員の心を動かし、彼らの行動一つひとつを変えていった。ＥＱの相互作用による連鎖が時間をかけて組織変革へのコミットメントの大きなうねりとなっていったのである。

変われない、生き残れない、と嘆く前に、トップもミドルも自分の覚悟、そして「生き方」を改めて問うてみてほしい。もちろん、二項動態経営は決して簡単ではない。苦しいいばらの道でもある。

先述の国際政治学者の高坂は、ソ連との冷戦という困難な状況において、アメリカの外交政策を立案したジョージ・ケナンがロシアの作家チェーホフの短編「往診中の一事件」を好んだことを紹介している。[*15] 解きがたい問題を解かねばならないとき、できることをやりながら、合理的な

＊13　高坂正堯（２０１７）『国際政治――恐怖と希望　改版』中公新書。
＊14　スキデルスキー（２０２２）。
＊15　高坂（２０１７）。

根拠がなくてもすぐには解決できないことがいつかは解決できる、という希望を捨てない人間の姿に共感したからである。

これは、詩人ジョン・キーツが19世紀に示したネガティブ・ケイパビリティの考え方に相通じる。ネガティブ・ケイパビリティは、拙速に答えを求めず、不確実さや不思議さ、懐疑のなかにいられる能力と定義されている。自分でコントロールできないものを受け入れ、良いか悪いかの判断は保留にして、その行方を辛抱強く待つ態度である。わかりやすい解決策や手法に走るのではなく、現象学的還元でありのままの現実を直観する姿勢にも似ている。

精神科医・作家の帚木蓬生は「複雑なものをそのまま受け入れられずに、単純化やマニュアル化をしてしまう。答えがないものや、マニュアル化できないものは最初から排除しようとする。そうすると、理解がごく小さな次元にとどまり、より高い次元まで発展しない。その『理解』が仮のものであった場合、悲劇はさらに深刻になります」と語る。[*16]

見えないものを見る力、感じる力は、直接経験での時空間でしか獲得できない。「タイパ（タイムパフォーマンス）」「コスパ（コストパフォーマンス）」と効率性ばかり追求すると、間《ま》や余白に内在する暗黙的なものをつかめなくなる。表層のうまみのみをすくいとってわかった気になっても、それは形式的なハウツーを得たにすぎない。

直接経験のなかでの生で得られる感覚や一次情報ではなく、加工・編集された入手可能なデータにばかり食いついていると、「平均」や「多数」に還元されていき、いつしか主体を奪われ、自分自身もコモデティ化し、消費されてしまう。

経済学者の猪木武徳は、江戸時代の経世家である海保青陵の「即答智恵」という言葉を引用しながら、すぐに答えの得られない問題に向き合う力を弱めていると警鐘を鳴らす。[*17] その時々の文脈のなかで行間を読み、間合いを見極め、全身の五感を研ぎ澄ませて、愚直に地下の水脈を探っていくことが近道だったりすることを忘れてはいけない。

ファスト文化のなかで生き急ぐことと、アジャイルに機動的に動くことは大きく異なっている。現実の只中で、その都度の最善を無限に追求し、挑戦し、失敗しても何度でも立ち上がり試行錯誤しながらともに前進していく創造原理としての生き方と叡智を人間は持っている。その原動力は、希望を捨てないことにある。

「イグ・ノーベル賞」は、1991年にノーベル賞のパロディーとしてアメリカの科学雑誌が始めた賞で、人をクスッと笑わせつつ考えさせる研究に贈られる。2024年のイグ・ノーベル賞の受賞者が発表され、日本などの研究チームが「生理学賞」を受賞した。イグ・ノーベル賞の受賞者は、18年間連続で日本人が選ばれているという。2024年に受賞した研究チームを率いた再生医学が専門の武部貴則教授は「基本的に『人と違うことしか考えない』ことを意識していま

＊16 『WIRED』日本版VoL．36から転載（https://wired.jp/2020/03/19/negative-capability/）
＊17 『産経新聞』2024年4月12日付朝刊。

す。世界を変える発見というのは普通と違う着想から出てくると思うので、ほかの人からはふざけていると思われるようなことにも挑戦できる環境が大事だと思います」[*18]と話す。

昭和30年代後半、当時のソニー（ソニー株式会社）の取締役で厚木工場長を務めた小林茂は、ノーベル物理学賞受賞の湯川秀樹の「創造は失敗の連続を経て生まれるが、失敗の連続を乗り越えさせるものは何か。それは執念であろうと思う」という言葉を紹介し、「自分自身の矛盾に気づき、矛盾に思い悩むこと、それからその悩みに負けないことが決め手であろう。何が矛盾に気づかせるのか。（中略）私に、私自身の矛盾を悩ませつづけているものは、何か使命感のようなものである。やっぱり人びとの役に立ちたいという、願いのようなものである」と語っている。[*19]

変革を行ったリーダーに共通するのは、覚悟と執念、やり抜く力だ。責任という言葉は、英語では responsibility だ。この言葉には応答 response という言葉が入っている。つまり、いま・ここの現実に対して全身全霊で相互に応答しながら、自己変革の主体者としてやり抜いていく覚悟と、志への執念が試される。

＊18　ＮＨＫ ＮＥＷＳ ＷＥＢ「イグ・ノーベル賞　18年連続日本人が受賞　ブタはお尻からも呼吸」２０２４年９月13日（https://www3.nhk.or.jp/news/html/20240913/k10014580141000.html）。
＊19　小林茂（１９６６）『ソニーは人を生かす』日本経営出版会。

おわりに

人生には出会いがあるとつくづく思う。２０１７年のある日、野中先生のアシスタントから、突然、私の論文に野中先生が関心を持っているという連絡があった。大学院以来、私が研究を行ってきた財務・会計分野は、野中先生の知識創造理論や『失敗の本質』とは、一見、距離があるように思っていた。知識創造の野中先生が会計学者の論文に関心があるとは、いったい、どういうことだろうかという疑問と、どのように論文を評価されるのかという一抹の不安を抱えて、論文を持って行った。手渡した際に、先生特有のトーンで「ありがとう」と言われたことを鮮明に覚えている。後日、野中先生から「面白い主張をしているじゃないか」というコメントをいただき、胸を撫で下ろした。

これを境に、野中先生と研究や仕事でご一緒する機会が徐々に増えていった。あるとき、野中先生と川田弓子さん、私の3人でバンダイナムコグループの未来スタジオを訪問した。社内に展示されている製品・サービスを見ていると、野中先生が「二項動態だな」と発言された。バンダイナムコは、知識を基礎に据えて、製品・サービスを企画開発し、またときに失敗を許容しながら経営を行い、価値を創造していた。私にとって「いま・ここ」の直接経験であり、二項動態というコンセプトについての研究を深掘りする契機となった。

本書は、野中先生と川田弓子さん、私がスクラムを組むことで生まれた。スクラムを組もうとしても、三人のバックグラウンドも知識の蓄積も大きく異なる。私が哲学等の書籍を読み込んでも、野中先生や川田弓子さんに、なかなか貢献ができないという葛藤があった。ある打ち合わせで、野中先生は「商業高校を卒業したんだけど、数字は不得意だから、簿記の試験で5点しかとれなかった。点数がとれたのは、簿記会計の父のルカ・パチョーリを解答できたからだ」という冗談を仰った。心理的安全性の高い、知的コンバットを行う場を醸成し、私の思いを解放させようという意図のある発言だと感じた。そして、打ち合わせが終わる時間が近づいてくると、いつも「面白くなってきた」とコメントし、われわれのモチベーションを高めた。川田弓子さんも、とにかく温かかった。同時に本質的な議論を交わしてくれた。新しい知識を創造し、暗黙知を形式知に変換しようとする熱意には敬服するばかりである。われわれは多様で異質な知をスクラムで結集し、実践知創造に向けたイノベーションを追求したといえる。

本書の執筆を終える直前に三人でいつものように議論していると、野中先生から「会計研究をさらに深めるように」というメッセージをいただいた。同じ経営学という分野で創造的な研究を蓄積されている野中先生の言葉は、重い。今後の精進を誓いたい。

2024年秋

野間 幹晴

著者紹介

野中郁次郎（のなか・いくじろう）

一橋大学名誉教授

1935年東京都生まれ。58年早稲田大学政治経済学部卒業。

カリフォルニア大学バークレー校経営大学院にてPh.D.取得。

一橋大学教授、日本学士院会員などを歴任し、2025年死去。

2017年カリフォルニア大学バークレー校経営大学院より「生涯功労賞」を受賞。

知識創造理論の世界的権威。『組織と市場』（日経・経済図書文化賞、千倉書房）、

『失敗の本質』（共著、ダイヤモンド社）、
The Knowledge-Creating Company（共著、Oxford University Press、邦訳『知識創造企業』）、
The Wise Company（共著、Oxford University Press、邦訳『ワイズカンパニー』）、

『「失敗の本質」を語る』（共著、日経プレミアシリーズ）、

『知的機動力の本質』（中央公論新社）など著書多数。

野間幹晴（のま・みきはる）

一橋大学大学院経営管理研究科 教授

一橋大学大学院商学研究科で博士（商学）取得。
一橋大学大学院国際企業戦略研究科（現・一橋ビジネススクール国際企業戦略専攻〔一橋ICS〕）助教授、准教授を経て2019年より現職。
2010年より11年までコロンビア大学ビジネススクール・フルブライト研究員。
著書に『退職給付に係る負債と企業行動』（日経・経済図書文化賞、
日本会計研究学会太田・黒澤賞、国際会計研究学会学会賞、
日本経済会計学会学会賞、中央経済社）、
『業績予想の実証分析』（共著、中央経済社）などがある。

川田弓子（かわだ・ゆみこ）

一橋大学ビジネススクール野中研究室研究員、
株式会社フロネティック取締役

一橋大学社会学部卒業、一橋大学大学院国際企業戦略研究科修了（MBA）。

リクルートにて組織開発コンサルタント、組織行動研究所主任研究員などを経て現職。

著書に『日本の持続的成長企業』（共著、東洋経済新報社）、

『野性の経営』（共著、KADOKAWA）などがある。

二項動態経営

共通善に向かう集合知創造

2024年11月22日　1版1刷
2025年 3 月28日　3刷

［著者］
野中郁次郎・野間幹晴・川田弓子

［発行者］
中川ヒロミ

［発行］
株式会社日経BP
日本経済新聞出版

［発売］
株式会社日経BPマーケティング
〒105-8308　東京都港区虎ノ門4-3-12

［装丁］
野網雄太

［DTP］
マーリンクレイン

［印刷・製本］
中央精版印刷

本書籍に関するお問い合わせ、ご連絡は下記にて承ります。
https://nkbp.jp/booksQA

Printed in Japan　ISBN978-4-296-11949-3